「ゴルフはメンタル！」それ、本当？

カラッと日曜 2

かわさき健（作）
古沢 優（画）

登場人物紹介

キャディの
サンデー

天草日曜
ツアーキャディの父と、ツアープロの母

ツアープロの
母ちゃん

天草すみれ
プロゴルファー。現役最年長シード選手。最近飛距離も落ちて、成績も伸び悩みがちだったが、息子の日曜がバッグをかつぐとなぜか好調

目次

CASE 1 「苦手を克服するよりも、得意を伸ばしたほうがいい！」の巻 9

CASE 2 「迷ったら、球の行きたいほうに打ってやればいいじゃん」の巻 41

CASE 3 「なんでゴルファーって自分で自分を傷つけるの？」の巻 77

CASE 4 「勝つのはたいがい、勝てると思ってる人間だよな」の巻 113

CASE 5 「1打のミスは、18ホールかけて取り返せばいいよ」の巻 149

CASE 6 「結果はコントロールできないよ。できることだけ全力で」の巻 181

コラム 日曜の、お悩み解決コラム①～⑤ 3 37 71 107 143

コラム 母ちゃん・すみれの「一言いわせないさよっ」 179

日曜語録 8 40 76 112 148 180 215

日曜の!
お悩み解決
コラム
1

お悩み

ラウンド中、ありとあらゆるミスが出る!

プロでもミスは防げないよ。防げるとしたら、そうだなあ……「ひとつだけ」なら防げるんじゃん?

こんにちは、天草日曜です。どこにでもいるフツーの高校生なんだけど、たまたま母ちゃんがツアープロをやっている関係で、たまに頼まれてキャディをやったりしています。

母子家庭で育ててくれた母ちゃんに感謝して……って気持ちがないわけじゃないけど、本音を言えば小遣い稼ぎのバイト感覚ってのが正直なところかな。そうそう、最近の女子ツアーにはカワイイ女の子も多いしね(笑)。

ちなみに、オレはゴルフはまったくの未経験。そんなオレからすると、ゴルファーってつくづく不思議な人種に見えるんだよね。

なんでかって? よく母ちゃんが言うんだよ。ミスをして「私って、なんて下手なの!」って。この本を手に取った人もほとんどがゴルファーだと思うけど、おそらくみんなそういう風に言ったり、思ったことがあるんじゃないかな。

でもさ、考えてみてよ。母ちゃんってプロゴルファーなんだよ？　しかも、ツアー最年長のシード選手。息子が言うのもなんだけど、それってめちゃくちゃゴルフが上手いってことじゃん。それなのに、試合中はいっつも自分のことを下手だ下手だって言ってる。

たとえばさ、ラーメン屋の大将が「俺はラーメンを作るのがなんて下手なんだ！」って言いながらラーメン作ってたら、どう思う？行きたくないよね、そんな店（笑）。「俺の作ったラーメンは最高だから、是非食べてよ」ってお店にオレなら行きたい。

ゴルフだって同じだよ。初心者ならいざ知らず、世間では100を切ったら十分に「ゴルフが上手い人」なんじゃないかな。だったら、胸を張って、俺は上手いんだ！　と思いながらプレーしたほうが絶対に結果は良くなるはずだよ。

オレが見た限り、賞金女王を争うような強いプロって、「自分が強い」ことをすごく素直に認めているように見える。だから、レベルは違うとしても、まずは「自分は上手い」って認めちゃえばいいのにって思うんだよね。思うだけならタダだしさ。

平均スコア「90」なら「72」だって出るよ

オレが思うに、ゴルファーって自分の実力を正確に評価するのが苦手なんじゃないかな。たとえば、アマチュアの場合ある程度上手くなると「100」っていうスコアは絶対に叩けないって思うものなんでしょ？　でも、「１００は打てないんです、絶対に！」なんて言ってる人ほどあっさり１００を打つよね。

きっと、１００を打てない！　って思う人は、ベストスコアが80台の前半とか、もしかしたら70台なんだろうね。それが自分の真の実力だと思うから、それより10打、20打、ときには30打も離れたスコアを認めることができなくなっちゃう。

母ちゃんも同じだよ。母ちゃんはプロなのに時々80を打つんだけどさ、そういう時、母ちゃんはこの世の終わりみたいな顔をして、「私みたいなヘタっぴは、もうプロ廃業ね」なんて言う。ふた月に1回くらいの割合で叩くにもかかわらず、だよ（笑）。そういうときオレは、その日の成績表を眺めてみるんだよね。すると、母ちゃん以外にも80を打ってるプロが大抵何人かいる。もし「80を打ったらプロ資格を失う」っていう規則があったら、一年後にはツアーで戦う人はいなくなっちゃうかもしれないよ。

母ちゃんの平均スコアは、公式記録によると74台前半って感じ。たとえばプロ野球のピッチャーで、平均球速が１４０キロだったら、そのピッチャーは調子が良ければ１４５キロくらい投げるだろうし、疲れがたまってくると１３５キロくらいまで落ちるんじゃないかって思うよね。同じように、母ちゃんは調子が良ければ60台も出るだろうし、悪ければ80台も当然打つ。

ゴルフの本を買って読むくらいゴルフに夢中な人の平均スコアってどれくらいかな。仮に90としてみよっか。そうだな、もしオレが、「平均スコア90です」っていう人のキャディをするとしたら、「この人は、72〜108くらいのスコアで回ってくる人なんだな」って思うよ、きっと。

「パープレーなんてとんでもない！」って？ なんでそう思うかなあ。平均スコア90ってことは、80台はフツーに出るわけじゃん？ だったらきっと、「今日こそ70台！」って思いながら、毎回ゴルフに行くんじゃないかな。72だって70台だもん、出るときは出るよ。逆に、108くらいも絶対平気で出る。

ミスが許せないアマ　ミスを許容するプロ

じゃあどうすれば108方面じゃなくて72方面にスコアを寄せられるんだって話だよね。申し訳ないけど、オレはゴルフ未経験者だから技術的な問題はさっぱりわからない。でも、プロの試合のキャディをしていて、ひとつだけ言えることはあるよ。

なにかって？ プロはミスを自分に許してるってこと。母ちゃんがたま〜に呼ばれるプロアマ戦で一緒に回るアマチュアの人のゴルフを見ているとさ、なんていうのかな、ボールがどこに飛ぶか打ってみるまでわからない玉手箱状態に見えるんだよね。でも、プロはたとえミスしても右なら右、左なら左にミスしている。

「上手いからでしょ？」って思うかもしれないけど、そうじゃないんだよ。

たとえばオレが直面している問題でいえば、明日が期末試験最終日で科目は「数学」と「世界史」が残っているという状況。もちろん、どちらも勉強していないまま、現在時刻は夜10時。このとき、最悪の状況はどちらも中途半端に勉強して、両方で赤点を取ること。数学を犠牲にしてでも世界史にヤマを張れば、赤点は一教科で済むし、母ちゃんの怒りも最小限度に抑えられる、はず。

ゴルフでいえば、プロは必ず「右」か「左」どっちかのミスを消している。母ちゃんも、打つ前に必ず「ここは右がダメね」とかって確認してるもん。

これって、言い換えれば、プロだって自分にミスを許してあげてるってことだよね。100点を取りに行かないゴルフをしているっていうのかな。左がOBだから、右のラフでもオッケーとかね。

それに対して、アマチュアの人は自分に厳しすぎるよ。だって、250ヤード先のフェアウェイど真ん中に打たなかったら、あと全部ミスなんだもん（笑）。普段から勉強してないのに、数学と世界史両方で100点とるのが無理なのと同じ。そりゃ無茶だよ。

アマチュアの人だったら、ティショットはどう考えても2打目が打てるところにあれば成功だよ。250ヤード先のフェアウェイに行ったらもちろん大成功。でも、200ヤード先の浅いラフでも成功。そう思えたら、ゴルフってきっとすっごくラクになると思う。だって、250ヤード先のフェアウェイ狙いと、200ヤード先の〝打てるとこ〟狙いなら、難易度は全然違うでしょ。当然、かかるプレッシャーも全然違う。

自分にプレッシャーをかけないゴルフ。これがきっと、どっちに転ぶかわからない自分のスコアをいい方向に転がす方法なんじゃないかなって思うんだよね。

日曜語録 1

チャンスだって
ピンチだって
やることは同じだよ
クラブを右から
左に振るだけ
じゃん

CASE 1 「苦手を克服するよりも、得意を伸ばしたほうがいい！」の巻

天草《あまくさ》さん
あら
すみません同じ飛行機だったんですけどご挨拶できなくて
そりゃそうよ人気者だもん挨拶なんかして周りに気付かれちゃったらね
そっかあ里帰りね
ハイ天草さんは？

オフは毎年沖縄で合宿するのが恒例なの
那覇空港
国内線
そうなんですか
コレウチの息子
日曜《サンデー》っていうの
あ
キミが!?
さくらから噂聞いてるわ
え？
誰？

あーーッ!!
み 宮里 碧ちゃん!!
?
え
碧ちゃんだ!!
宮里碧ちゃんだ!!

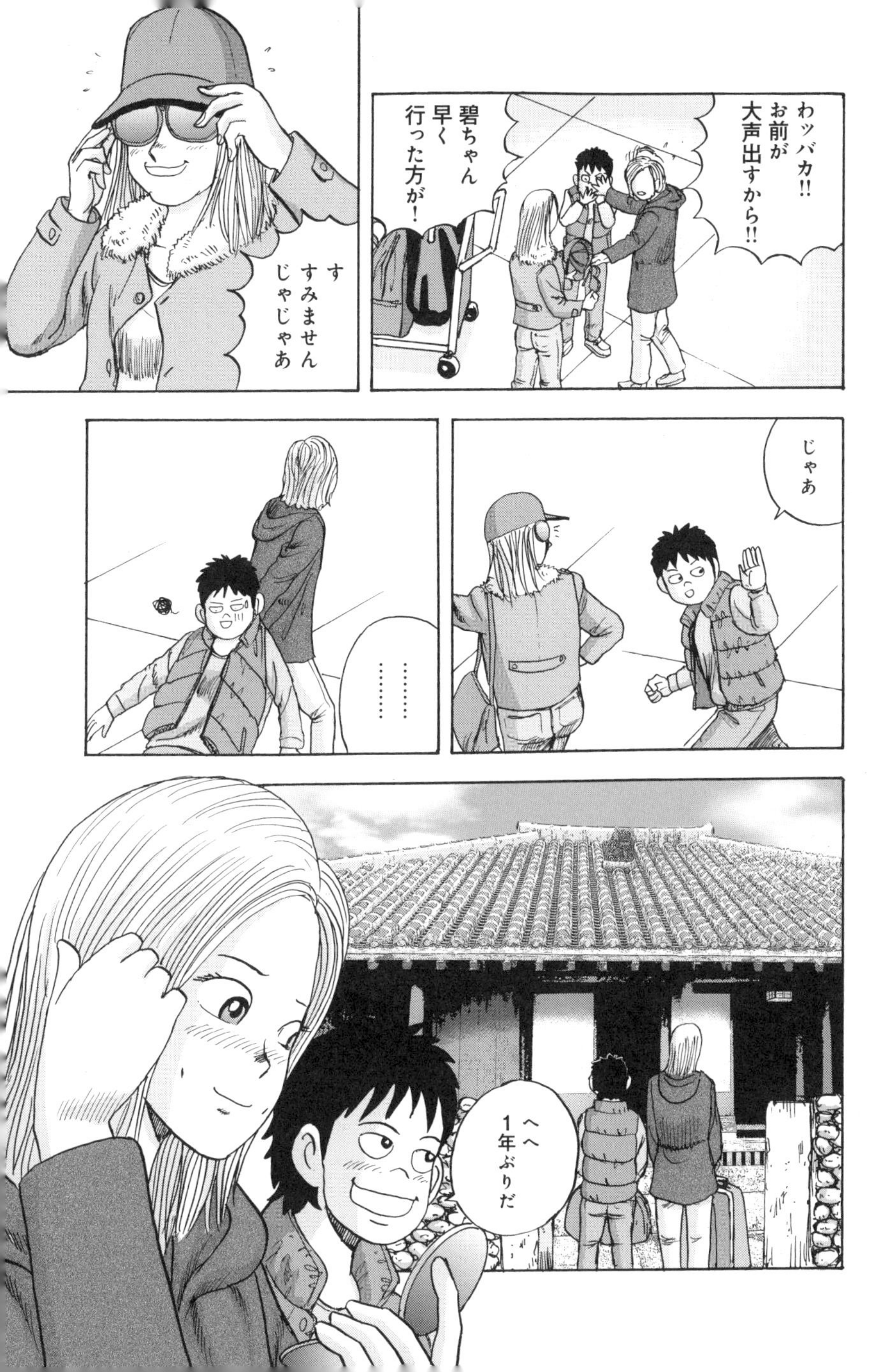
わッバカ!!
お前が
大声出すから!!
碧ちゃん
早く
行った方が!
す
すみません
じゃじゃあ
じゃあ
……
……
へへ
1年ぶりだ

いらっしゃい
おーサンデー 1年見ない間にすっかり
大きく――
なってねーな チビのまんま
るせぇ!!
カズさん 今年もお世話になります
すみれちゃん ようこそ 待ってたよ
じゃあ中に
今年の沖縄合宿《オフトレ》のテーマは?
うん「1年間戦える体力」をメインテーマに体をイジメ抜くつもり

技術的には持ち球と逆のフェードを必要に応じて打てるようになることと――
シーズン後半手が動きづらくなったパットの改善かな
なんか雰囲気変わったな
花とか飾ってあって
照明とかもオシャレになったっていうか

ああ
最近ちょくちょく
手伝ってくれる
女性がいてね
その人が……
女性!?
……
私日暮れまで
まだ時間が
あるから
ちょっと走ってくる!
着替えるん
ですけどっ
ハハイ
翌日──
なんだよ
コースなんかに
来て──
体をイジメ
抜くんじゃ
なかったの?
昨日いきなり
バリバリ走ったら
体中が…
母ちゃん
くらいの歳になると
体にムリをするのは
かえって危ない
やっぱりラウンド
中心の合宿に…
ロッ
あ──

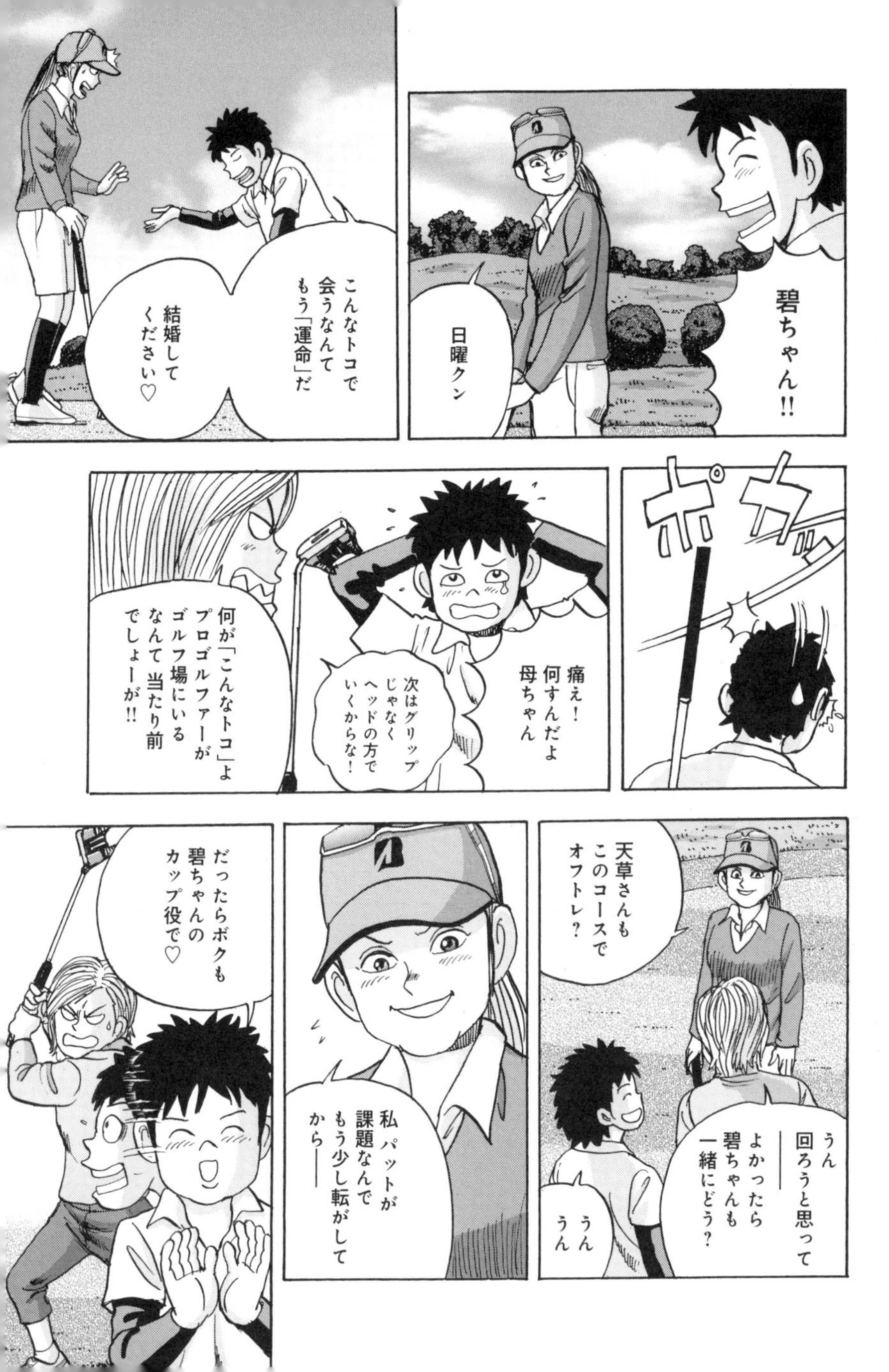
碧ちゃん!!
日曜クン
こんなトコで会うなんてもう「運命」だ
結婚してください♡
ポカッ
痛え! 何すんだよ母ちゃん
次はグリップじゃなくヘッドの方でいくからな!
何が「こんなトコ」よ プロゴルファーがゴルフ場にいるなんて当たり前でしょーが!!
天草さんもこのコースでオフトレ?
うん 回ろうと思って── よかったら碧ちゃんも一緒にどう?
うん うん
私パットが課題なんでもう少し転がしてから──
だったらボクも碧ちゃんのカップ役で♡

カヒュ
ドス
ちぇっ やっぱり フェードは 苦手だなあ
フェードって 軽く右に 曲がる球 だっけ?
…
母ちゃんもプロだからね ただ右に曲げるだけなら 簡単なんだよ でも 持ち球に比べると 極端に飛距離が 落ちちゃうんだ
せめて半番手 ぐらいの飛距離 減に収めた フェードを打てないと
PRGR

ゲッ 碧ちゃん まだパターの 練習してる
えっ？ 私達が ラウンド してる間 ずっと？
さすが世界一に なった人は 課題への 向き合い方が違うなー たった一度走った だけでテーマを コロッと変える 誰かさんとは――
……
わ私だって パットはオフの 課題のひとつ！ これからみっちり 練習するんだから
パター 出して!!
頑張ってるね
あ ハイ

ストレートのラインを除いてカップから2メートル周囲に6球並べる
下りのフック
下りのスライス
平らなフック
平らなスライス
上りのフック
上りのスライス
これで全てのラインを経験できる
これを一球も外さずに3周…
ヒェ〜ッ
ううん5周できるまで帰らない！
コン
5周ってことは30球連続カップインってこと!?
くっ

碧ちゃんがいるからって見栄張って5周なんて宣言するもんだから――
ぜんぜん終わらないでやがんの
せっかくのカズさんの料理が冷めちまったじゃねーかよ
しょーがないでしょ沖縄のグリーンは芝目が強くて…
ハイハイ
カズさんおかわり!!
沖縄合宿4日目
碧ちゃん今日も練習グリーンに…
ちょっと自分を追い詰めすぎなんじゃないかな

日曜
うん
あ おはよ…
え
回ろ!
でも私……
いいから今日は回ろ回ろ!!
ダッ
碧ちゃん♡
ごめんね息子がムリに…
あいえ…
だってオレ碧ちゃんの大ファンだもん!
さくらちゃんは結婚しちゃったし盛田理香子ちゃんも彼氏できちゃったしね
あはあははは

さーてと
このオフトレの
もろに課題って
ロケーションね
フェードボール
…ですか？
ヒュ
ゲッ
逆球《ダブルクロス》
ガサ
サイテー
最悪…

なんでフェードを打たなくちゃなんないの？
試合になるとね
どうしても持ち球だけじゃ攻めきれない状況があるの
たとえばこのホール右から風が吹いたとするあの右端のピンに絡めるにはドローだと池の真上に打ち出していかなきゃならない
それって試合では震えるくらい怖いことなの
しかも右からの風にドローを打てば球は止まらない
けどフェードなら風とケンカさせることになるから落ちてすぐ止まる圧倒的にチャンスにつけやすい
ピタッ
ナイスオーン!!

は〜さすがね 碧ちゃんも 私と同じ ドローヒッター なのに
何とか上手く 打てました でも試合だったら こんなスムーズには…
アメリカ《向こう》でも フェードを打た なきゃならない シチュエーション では――
結構 痛い目に 遭ってます
もっと精度を 上げなきゃと 思ってます
うん 私も 精度を 上げなくちゃ
母ちゃんは いいんじゃねーの アメリカで戦う ワケじゃないんだから
苦手を克服するって 大事なことなん だろうけどさ そこに時間と労力を 割くくらいなら
得意なことを もっと徹底して 得意になることに 時間とエネルギーを 注いだ方が 効率いいんじゃない？

だってさ苦手なモンはやっぱ自分に合ってないから苦手なわけであって―
それをなんとか人並みのレベルに上げたところで人とは変わらない
だったら得意なとこを研いで研いでもうチョットでも触れたら血がでるくらい先を研ぎ澄まして
自分にしかない強烈な武器にしちゃえば抜きんでた存在になるんじゃん？
だからオレは苦手な学校の勉強はしない……と
フフッ
コラーッ!!
よかった笑ってくれた碧ちゃんはやっぱり笑顔が似合う

でもね日曜 やっぱりプロは 左右どっちの球も 必要なのよ
だってピンが ここみたいに 右サイドに 切られてあったら――
コン
ピンが右 だったら ピンからドローで いいじゃん
それじゃあ ピンから 離れちゃう
トン
いいじゃん グリーンに乗って いれば そこから 2パットでOK
もしピンから 離れたのが 5ヤードぐらい だとしたら それは それでバーディも あるんじゃん?

カコン
大体さ ピンが右ばっかりってことないだろ? 仮に右に切ってあることが多いラウンドがあったとしても――
試合って3~4日間じゃん? 左ピンが多い日だってあるんじゃないかな
そうじゃなかったとしても1年間《シーズン》を通してみれば
きっとピンポジの左右は同じくらいなんじゃん?
コン
左ピンの時に持ち球《ドロー》でガッツリ攻める! それでいいんじゃん?

もしかして…フェードなんていらない？
それよりも自分の武器に磨きをかける……か
飛距離が出るわけでもない私がパワーヒッター揃いのアメリカで戦っていく生命線がパターだった
その最大の武器が……
自分の一番の武器が壊れてしまった選手はどうしたらいいんだろう
コン
ツーーッ

スコーン
よしっ！
こ　これが30球目……
ケン
え
ヘタじゃねえって
信じられないくらい上手いじゃん
あ〜〜〜っどうして私はこんなヘタっぴなんだろ!!
最後に外した一球を責めるより
それまでの29球連続でカップインしたことを誇ろうよ

曲がるライン
ばっかり上りも
下りもある
スピードの違う
パットを
ずっと入れ
続けたんだぜ？
それって凄くない？
凄い？
うん
凄いって
そう自分を
認めてやれば
試合で同じ
距離のパットが
残った時――
「私はこれを
何十球も連続で
入れる
実力を持っている」
「めったに外すことはない」
って自信を持って
挑めるじゃん
――けど今の母ちゃん
みたいにたった1球
外したことを責めれば
試合でも
「またあの時みたいに
外しちゃうかも」って
弱気になる
……

考え方じゃねえのかな?
一つもミスをしちゃいけないって自分を追い詰めるより
私って結構やるじゃんってもっと自分を褒めてやりゃいいんだよ
そ
そうは言ってもプロだからさぁどうしてもミスは許せな——
じゃあコレわざとミスしてみて
この球をカップ寸前で止めて入れないでくれる
入れない?
コツ
コットン
あ
ダメだって入れちゃあ
はいミスパット

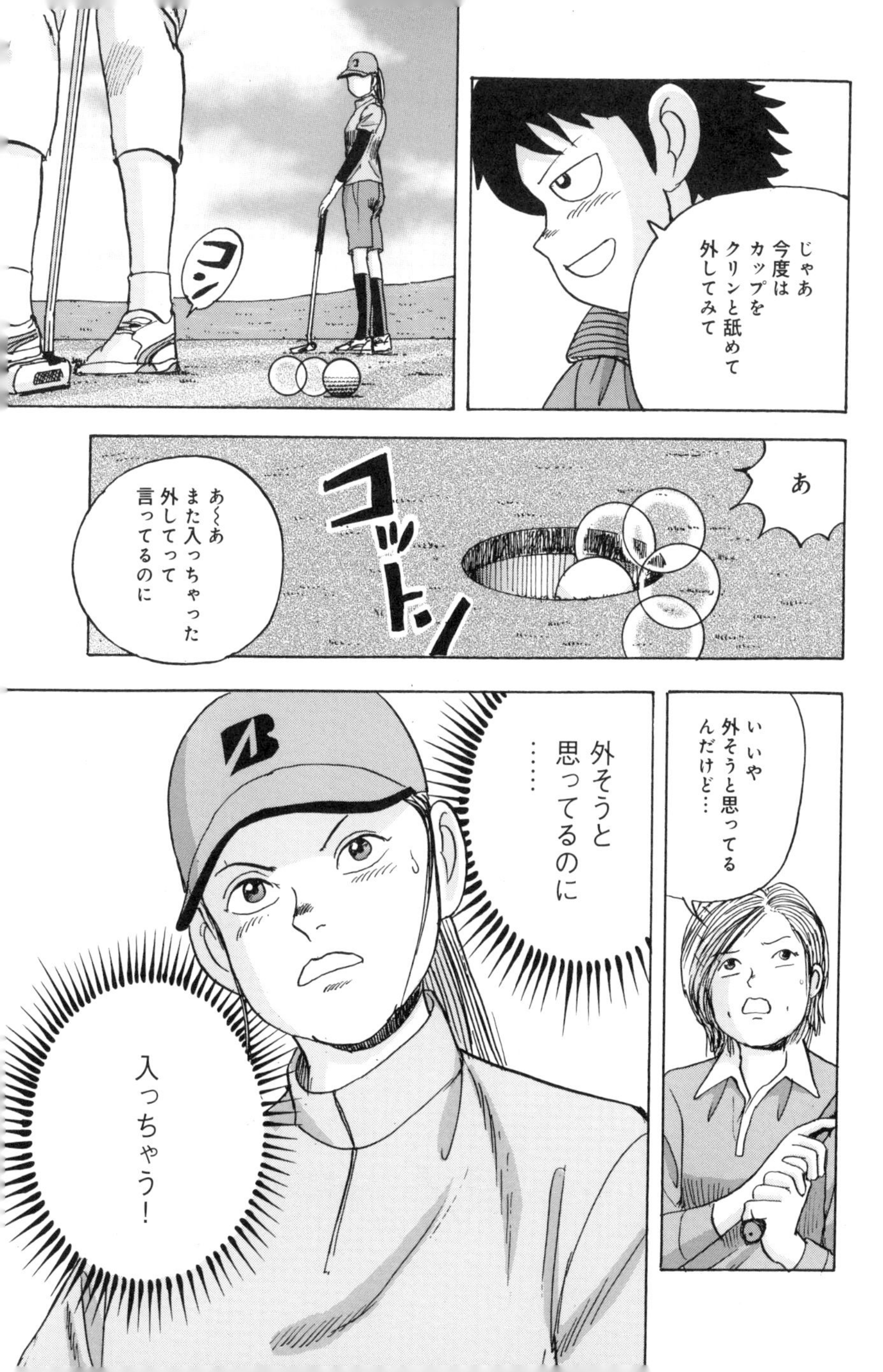
じゃあ今度はカップをクリンと舐めて外してみて
コン
あ
コットン
あ〜あ また入っちゃった 外してって言ってるのに
いいや 外そうと思ってるんだけど…
外そうと思ってるのに……
入っちゃう!

こうやってみると
カップって案外
デカイって
ことじゃん？
入れよう入れようって
ちょっとのミスも
〝許さないぞ〟って
思うとカップって
狭いけどさ
スコン
沖縄合宿最終日
青い海
青い空
そんな沖縄とも
明日でお別れか
……
黒い人だかり
黒い空気の東京
ああ 帰りたく
ねー
そう？
母ちゃんは早く
帰りたいわ
やっぱ家が
一番だもん
なんか
すみれさん
来た日から
ずっと機嫌
悪いまま
なんだよな
………

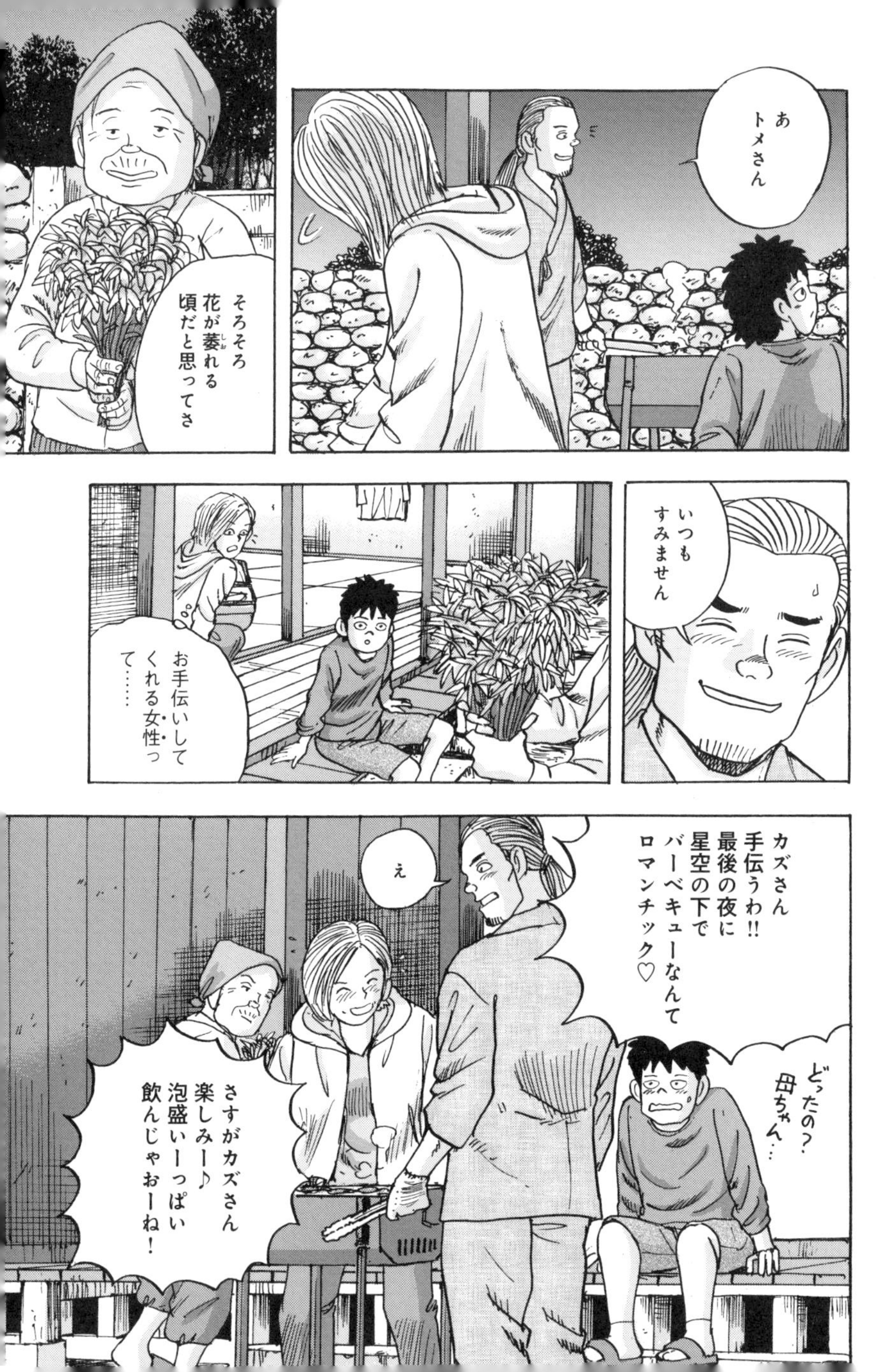
あ
トメさん
そろそろ
花が萎《しお》れる
頃だと思ってさ
いつも
すみません
お手伝いして
くれる女性っ
て……
カズさん
手伝うわ!!
最後の夜に
星空の下で
バーベキューなんて
ロマンチック♡
え
どったの?
母ちゃん…
さすがカズさん
楽しみー♪
泡盛いーっぱい
飲んじゃおーね!

翌日
東京行き
JAL902便
は定刻通り――
あ
天草さん
合宿お疲れ
さまでしたー
碧ちゃん
日曜くん
あ・り・が・と・う
い…今
あ・い・し・て・る
って♡
言って
ないから!!

日曜の！お悩み解決コラム 2

お悩み　スライスが直らない！

プロ野球には変化球投手っているよね。「安定して右に曲がる球」って、どう考えても武器じゃない？

スライスって言うんだよね、右に曲がる球。反対に、左に曲がる球はフック。よくわかんないんだよなあ、同じ曲がる球なのに、左に曲がるのはよくて、右に曲がるのはイヤっていう感覚が。

いや、オレだってさすがに知ってるよ。スライスって、ゴルフを始めたばかりの人がみんなそうなるんでしょ？　だからこそ、スライスを克服する＝上達するみたいにとらえられていることも知ってる。

でも、それって見栄ってことでしょ？　大きいクルマに乗ってるほうがおカネ持ちに見えるとか、カワイイ女の子を連れているほうが鼻が高いのと、それって同じだよね。カワイイ女の子を連れて歩きたい気持ちはわかるけど（笑）。

なにが言いたいかっていうとさ、たとえばティグラウンドに立って、ドライバーで3発連続で右にOBを打つ人っているじゃん？　3発ともまったく同じような球筋でさ。それで本人は青ざめちゃって、「今日はもう終わりだ……」とか言ってる。

ちょっと待って！　って思うんだよね。3発連続でまったく同じような球筋が打てるって、はっきり言ってすごいことだよ。

ゴルフって、野球でいえば送りバント、サッカーでいえばパスとかに近いよね。ホームランとかシュートとかより。つまり、思いっきり飛ばすんじゃなくて、狙った場所に狙ったようにボールを運ぶのが目的のゲームに見える。

にもかかわらず、ボールの大きさって、何センチ？　4センチちょい？　それを、1メートル以上の長さがあって、その先にシャモジの化け物みたいなのがついてるヘンテコな道具で打つんだよね？

それで3発連続正確に、同じような飛距離、同じような曲がり方で、同じようにOBゾーンに叩き込むなんて、できることじゃないよ。

だって、そこにあるのがOBゾーンじゃなくてグリーンだとしたら？　カップがそこにあるとしたら？　それって最高じゃん。間違っているのはスウィングじゃない。考え方なんだと思うよ。

プロでも右に曲げるのが上手い人、左に曲げるのが上手い人がいるよね。本当はみんな右にも左にも曲げられるんだろうけど、苦手なほうは封印して、得意なほうにだけ曲げる場合が多いかな。母ちゃんもそうだけど。

スライサーって、右に曲げるのがすごい上

手いってことじゃん。「いやいや、狙って曲げてるわけじゃないから」って？　いいじゃん、曲がるって結果は同じなんだから。いいじゃて、どうせ右に曲がるんだったら、その分だけ左を向いて構えればいいんだもん。左側にOBや池があるホールだったらすっごく有利だし、あらかじめ左を向いて構えておけば、曲がったってせいぜい右のラフに行くくらい。なんの問題もないはずだよ。

それか、こうしてみたら？　いっつも真っすぐを狙って右に曲がっちゃうんだったら、最初から右に曲げようと思って打ってみるんだよ。「よーし、このホール、絶対に右OBに入れるぞ！」って。それも、「3発連続で必ず入れる！」そう決めて打ってみたら、どうなるかな。

どう思う？　意外と難しい気がするけど。

逆に、それができたらその人は下手っぴじゃないと思うなあ。

もちろん、練習場でスライスを克服しようと頑張るのは否定しないよ。でもさ、ゴルフ場に行った瞬間にいきなりゴルフが上手くなる人っていないでしょ？　普段からスライスが出るんなら、「スライスしたくない！」って打つんじゃなくて、「スライスを打つぞ！」って思って、それを前提に戦略を立てたほうが絶対いいよ。

プロがメーカーの人と話してるのを立ち聞きすると、みんな血眼になって「左に曲がらないクラブがほしい」って言ってる。これを読んでくれてる人がどうしても右に曲がるスライサーなら、その人が持っているクラブこそ「左に行かないクラブ」だよ。プロが一番欲しがってるモノなんだって（笑）。

日曜語録 2

最後に外した
一球を責めるより
それまでの
29球連続で
カップイン
したことを
誇ろうよ

CASE 2 「迷ったら、球の行きたいほうに打ってやればいいじゃん」の巻

パチパチパチ
シード・最・年・長・
パチパチパチ
天草すみれ選手です!!
……
……
今季最年長のシード選手となりました天草すみれ健闘しています
シード最年長がんばれ!!
シード選手の中で最年長なんだろ

おかえり
―ったく
「シード最年長」って
いちいち枕詞
つけやがって!
ババア
扱いするんじゃ
ねぇっつーの!!
プシッ
おかげで
予選落ち
しちまったじゃ
ねーか!!

すっげえ
八つ当たり
機嫌
悪いねえ
問題は来週なん
だよなぁ……
開催コースの
アップダウンが
激しくて——
しんどい
……
行きたく
ないなあ〰〰
やっぱ
ババアじゃん
うるさい
いっそ来週休ん
じゃったらどうだい？
ここんとこ調子が
上がんないみたいだし
一週休んで
新鮮な気持ちで
またトーナメントに
出た方が
いいんじゃない？

来週の富士望洋レディスクラシックはここ5年予選を通ったことのない苦手なトーナメントだし…
母さんの言うとおり休んで
美顔エステとか行ってリフレッシュしちゃおうかな
顔のエステより足だろ
なんかチクチクするんだけど…
………
ボコッ
ギャアア

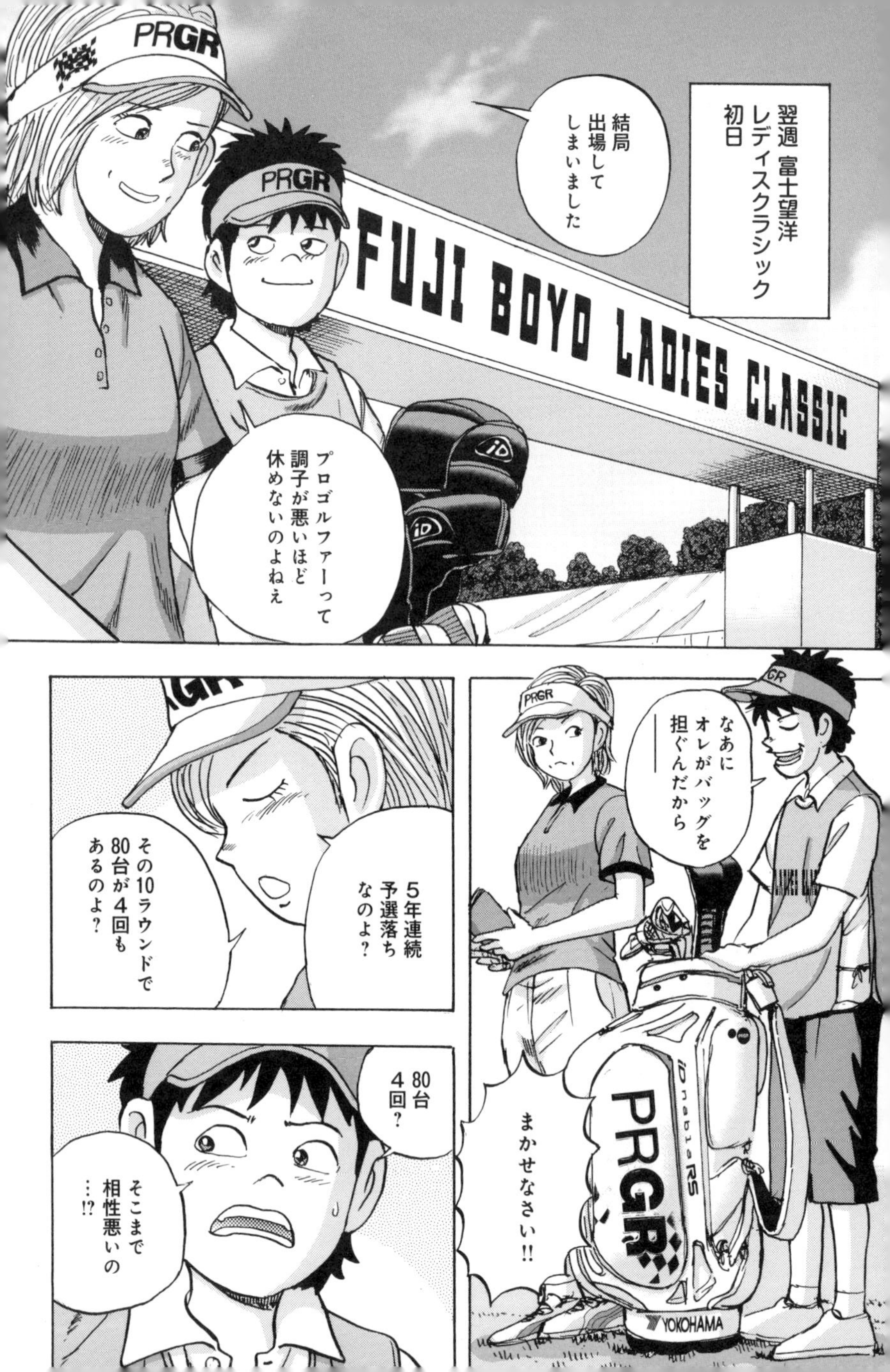
翌週 富士望洋レディスクラシック初日
結局出場してしまいました
FUJI BOYO LADIES CLASSIC
プロゴルファーって調子が悪いほど休めないのよねえ
なあにオレがバッグを担ぐんだから
まかせなさい!!
5年連続予選落ちなのよ？
その10ラウンドで80台が4回もあるのよ？
80台4回？
そこまで相性悪いの…!?

プロが80台を
打つ気持ちって
わかる？
もう生きている
価値がないって
くらい落ち込むのよ
あ
ビュウウウ
……
……
は
80台
濃厚かも
……
シード最年長
天草すみれ
選手です
パチパチ
パチパチ
OYO LADIES CLASSIC
ああ
また……
テンション
下がる

天草すみれ
初日79
やったな
母ちゃん!!
80切ったぜ!
ククク…
大きな
声で
言うな!
やっぱ
休めば
よかったかも
お前が
どうしても
出場しろって
言うから
こっちゃん
ボクと
お付き合い
してくらはい
!!
SRIXON
Samantha Thavasa
サンデー
……
ヒッ

今回は
琴乃ちゃん
目当てかい
だから
母ちゃんに
出場しろと……
いや
その…
あの…
天草さんの
息子さんですか
ウワサは
聞いています
恋妻琴乃
初日79
ごめんなさいね
練習中に
琴乃ちゃんも
79だったか
やっぱり今日は
軒並みスコア
が悪い
79でもまだ
予選を通る
チャンスはある
明日も強く
吹くかもしれない
ローボールを
練習して
おかないと

シュー
Samantha Thavasa
さすがベテラン うまい！ 私も風に翻弄されてスコアをくずした
ローボールの打ち方を見て盗もう！
低い球って どう打つの？

まあ簡単に言えばロフトを立てて——
——だったら最初からロフトの立ってるクラブを使えばいいじゃん
8番アイアンのロフトを立てようと細工するくらいなら——
7番とか6番とかさそっちの方がラクチンだと思うけどダメなの？
だ…ダメなことはないけど
この子私の息子のクセに全くゴルフをやらないのよ
だからこんな素人くさいことを……
SRIXON
………
………

……
……
このコースはツアーでも珍しい高麗グリーンで芝目が複雑なのよね
入れ頃外し頃の距離をどれだけ沈められるかが鍵
練習できっちり自信をつけておかないと…

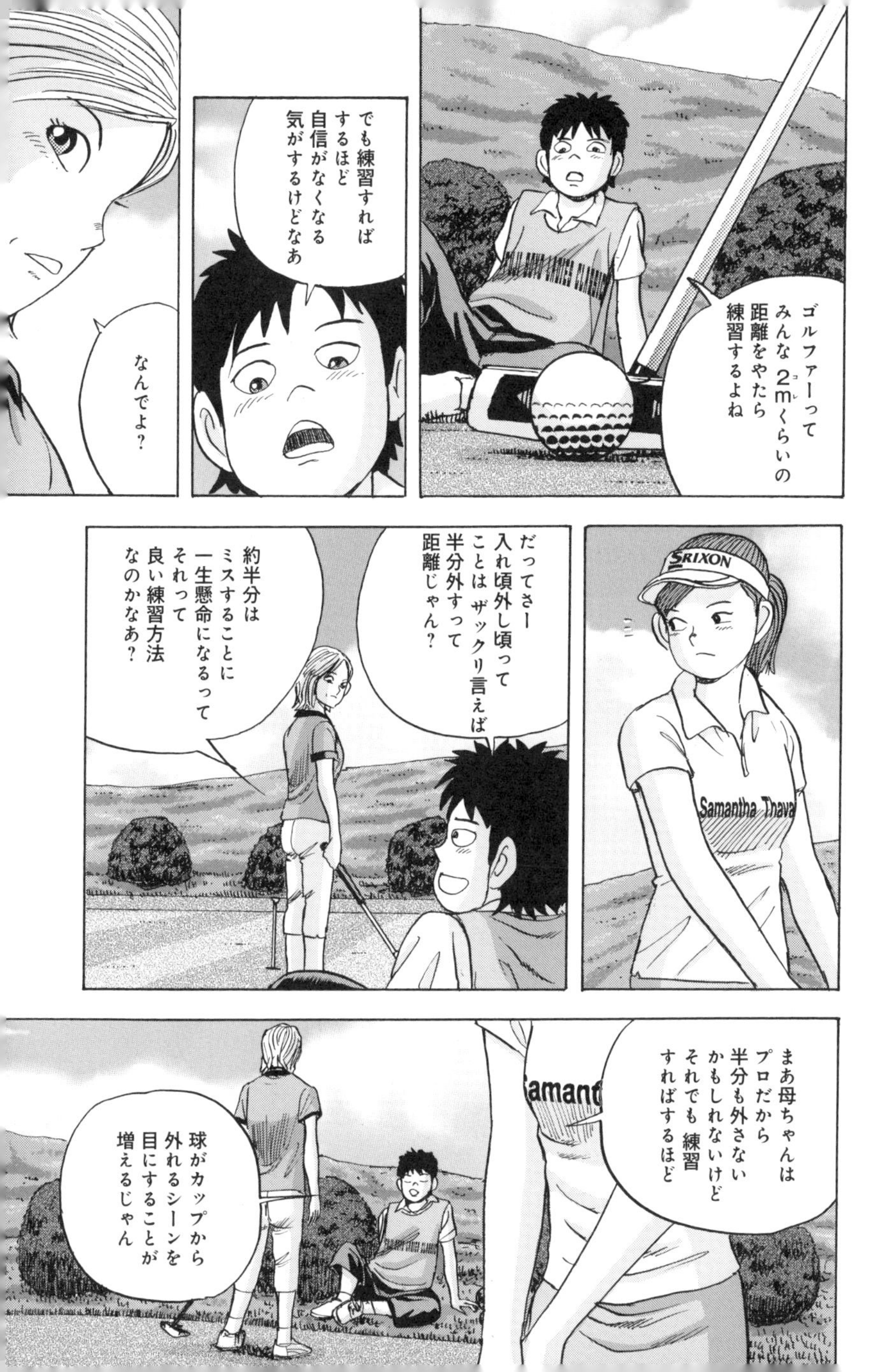
ゴルファーって みんな 2m《コレ》くらいの 距離をやたら 練習するよね
でも練習すれば するほど 自信がなくなる 気がするけどなあ
なんでよ？
だってさー 入れ頃外し頃って ことは ザックリ言えば 半分外すって 距離じゃん？
約半分は ミスすることに 一生懸命になるって それって 良い練習方法 なのかなあ？
まあ母ちゃんは プロだから 半分も外さない かもしれないけど それでも 練習 すればするほど
球がカップから 外れるシーンを 目にすることが 増えるじゃん

それって自信がなくなっていくじゃん
恐怖心が膨らんでいくじゃん
だだからってプロがこの距離を練習しないなんてことは……
ショートパットは繰り返し入れることで自信が深まるものだもん
だったら必ず入る距離にすれば？50㎝とかさ——それだったら
球がカップを外れるシーンを目にすることはまずないし全部入るんだからやればやるほど自信だけが深まっていくじゃん
それじゃあタッチが…
タッチをつかむのは全部入らなくてもショックを受けないような距離でいいんじゃない？
5mとか

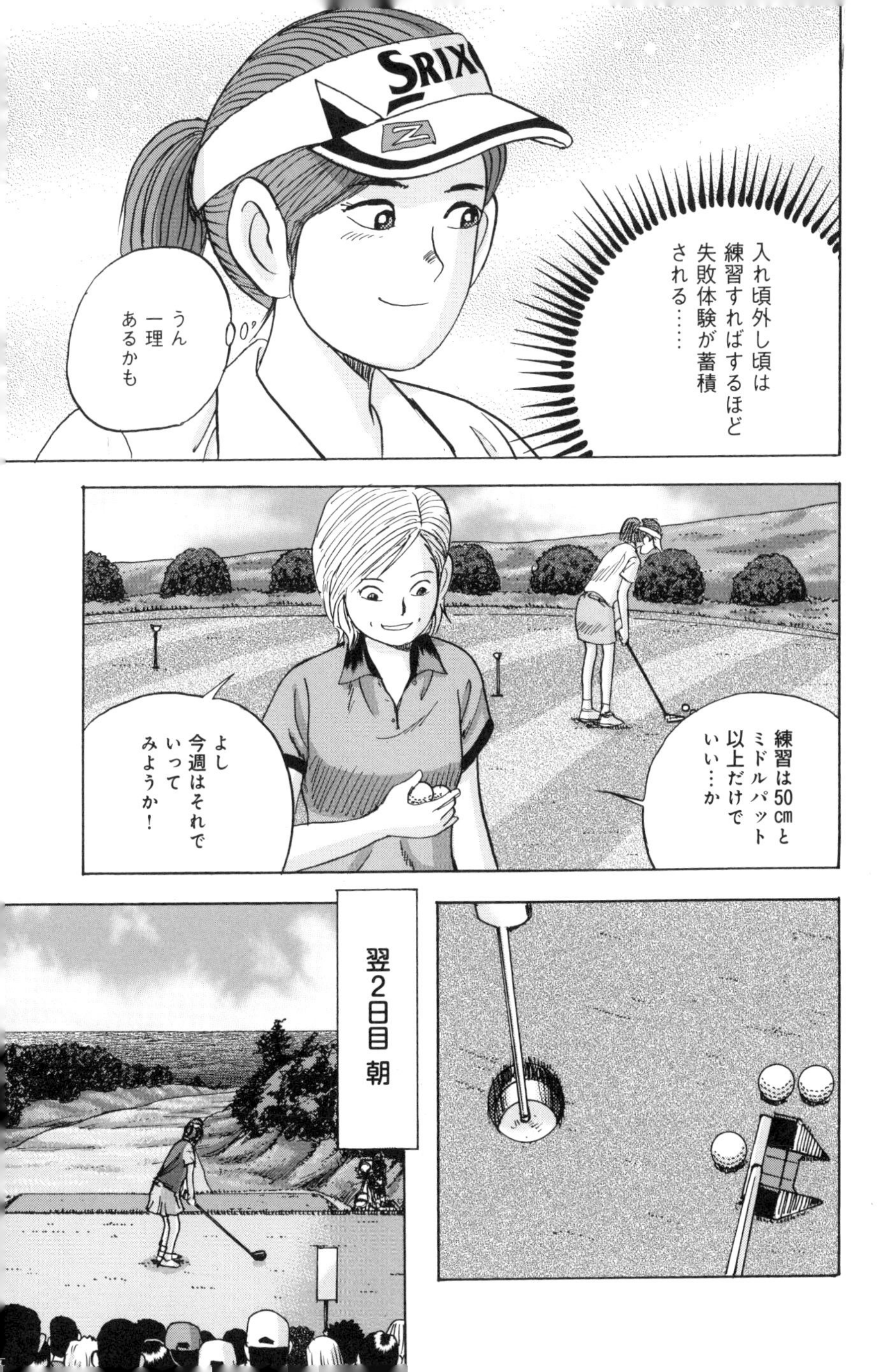
入れ頃外し頃は
練習すればするほど
失敗体験が蓄積
される……
うん
一理
あるかも
練習は50㎝と
ミドルパット
以上だけで
いい…か
よし
今週はそれで
いって
みようか!
翌2日目 朝

ーッショー!!
カワイイし
飛ぶし
曲がんないし
恋しちゃうし
あ
ありがと
でも 昨日
私79だし
いいのいいの
こっちゃんみたいに
上手い人でも
打っちゃうことは
あるさ

PRGR
さあ
こっちゃんの豪快なドライバーショットも見たし帰ろっか
続きまして――
FUJI BOYO LADIES CLASSIC
ドッ
コラーッ!!
今から母ちゃんが打つんだろーが!!
やっぱりこのコースは傾斜だらけだなフェアウェイがうねってる
つま先下がりか
天草すみれ

グリーンの右肩が落ちている右にだけは行かせたくない状況で――
右に行きやすいライ
メンドーだけどフックをかけて傾斜を相殺しよっか
7鉄ちょーだい
オーイお前はどっちに行きたいんだ?
そっか右に行きたいのか
ちょちょっと何やってんの?
球と話してんのコイツこのライでは右に曲りたいなあって

だから球がいきたい方に打ってやればいいじゃん
ハイ
シンプルに傾斜なりのスライスで攻めろってこと？
プロの試合はそれで全部対応できるわけじゃないの
そう思って昨日失敗したんだろ？そう思い続けて5年間予選落ちなんだろ？
……
同じことを繰り返しやって違う結果を期待するっておかしくない？
パソコンでIDとかパスワードを入力しなきゃなんなくてどうしてもログインできないとき——何度も同じ英数字を入れる？
変えるよね？同じ英数字を繰り返し入れていつかログインできるって期待するようなもんじゃん
SRIXON

結果が出ないなら 違うやり方を試せってか
よし乗ってみるか
ザシュ
トン
ググッ

ピン横5歩！ベタピンじゃないけど充分バーディチャンス
良いんじゃないの
カップ3個半ってとこ？
ゴルフやらないオレに聞くなよ
でも母ちゃんがそう読んだんなら——
ボールの50㎝先にあるピッチマークの修復跡の上を通せば入るってことだよな
50㎝のパットなら昨日からいっぱい練習してきたそして一度も外してない余裕だよな

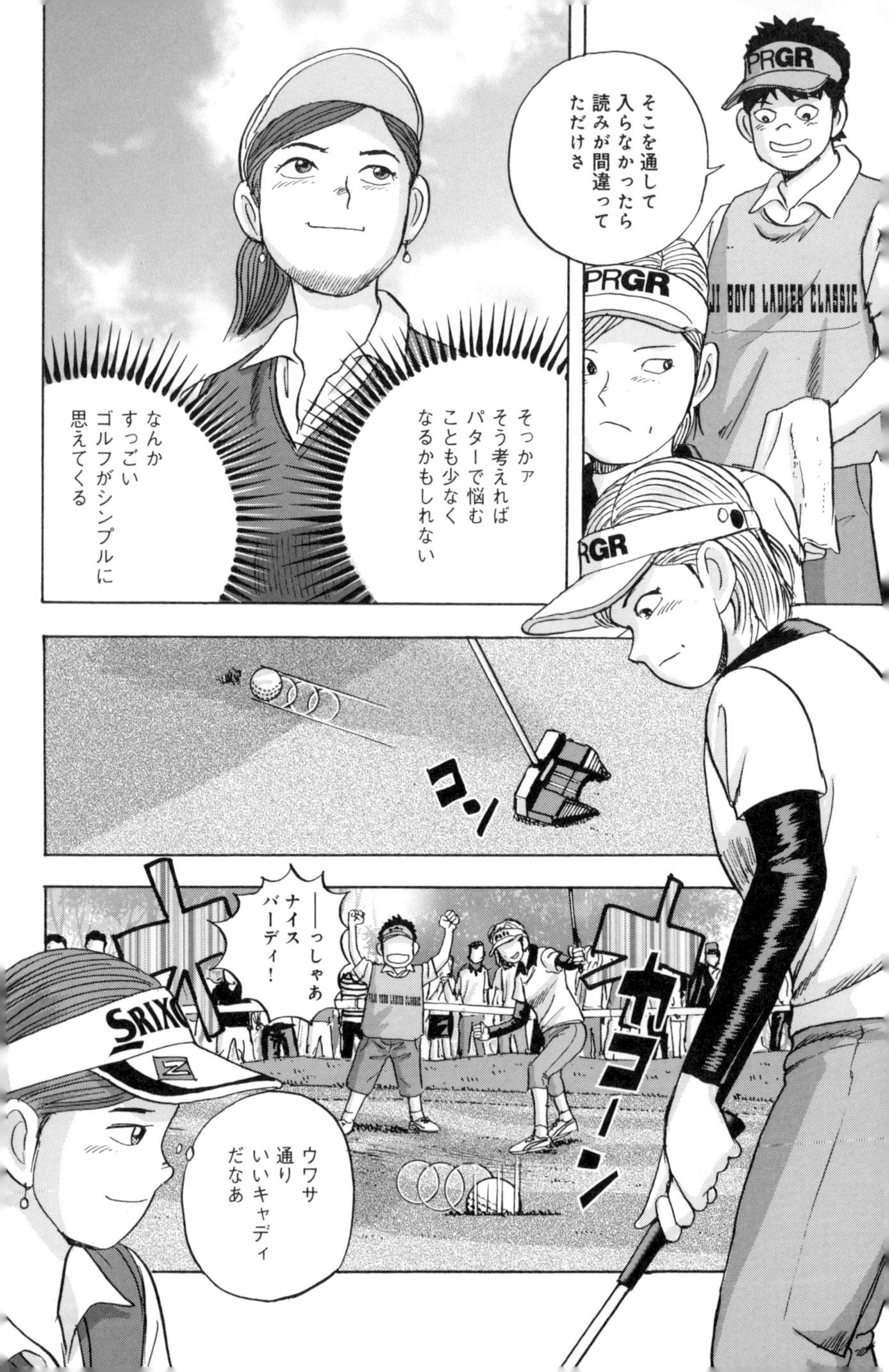
そこを通して入らなかったら読みが間違ってただけさ
そっかァ そう考えればパターで悩むことも少なくなるかもしれない
なんかすっごいゴルフがシンプルに思えてくる
コン
カコーーン
――っしゃあ ナイスバーディ!
ウワサ通り いいキャディだなあ

初日に続いて多くの選手がオーバーパーとなっている今日2日目ですが
逆にスコアを伸ばしている選手がおります！
ギュレュッ
アゲンストのこのホールもバーディチャンスにつけて来た〜〜！
トン
ククッ
これを決めればTODAY-5となる恋妻琴乃です！
日曜クン作戦ビンゴ！頂いちゃいました♡
ロフトを立ててインパクトしようとスウィングを細工するより単純に2つでも3つでも番手を上げて最初からロフトの立ってるクラブを使う——

さあ恋妻の組が このコースの 名物ホール16番に やってまいりました
ビュアアア
風は右から フェアウェイも 右から左に 傾いてる
おっと このホールは 天草すみれが オナーですか
恋妻の快進撃に 隠れていましたが 15番《さっきの》ホールバーディで 天草もTODAY-3 ですね!
左の海に いっちまえって 脅されている ようね

強いフェードボールを打ってこいと要求されているようなもんだわ
——でないとフェアウェイにボールが止まらない
ゴルファーってホントわざわざ難しく考える生き物だよね
なによ
だってさ 母ちゃん町の練習場とかで打ってて側面ネットに球が当たるってことある？
そんなに曲がることあるワケないじゃん
母ちゃんプロよ
その辺にいるおっさんゴルファーだってそうさよっぽどヘタっぴいじゃないと——
練習場の横のネットに当たるなんて そんなないじゃん？
このホールの広さを見てよ 左の海に打つってことは
町の練習場の側面ネットに余裕で当たるくらい 曲がるってことだよ

つまり――
ありえない
ありえないことを心配するって相当難しく考えてるってことじゃん？
難しく考えるから練習場じゃありえないことが起きるんじゃん？
風が右から吹いてきてるんだったらフツーに打ちゃ左に流れるその流れる分右に向けて打ちゃいいだけじゃん？
フェアウェイが左に傾いているんだったらさらにもう少し右を狙えばいいゴルフをやらない人間から見たらフツーそう考えるけどな
た確かに！

ビビュッ
ククッ
トン
正直
このホールの
ティショットが
一番イヤだった
ホイ
きたっ!
これで
予選通過が
見えてきた!
PRGR

恋妻
これも右から
フェアウェイ
ど真ん中!!
ターーン
「日曜クン
作戦」ここも
頂いちゃいました♡
その夜――
富士望洋
レディスクラシック
2日目の
成績です
連日の強風の
為
なんと-1が
トップ
FUJI BOYO LADIES CLASSIC
1位 -1 浜 江里菜
2位 0 水戸 愛
市ノ瀬 優希
4位 +2 恋妻 琴乃
菊池 絵里香
テレサ・リー
◎ 長井 花奈
この日の
ベストスコア67を
出した恋妻が
3打差+2まで
上がってきた!!
琴乃ちゃん
ほどじゃないけど
私も今日69♡

母ちゃん
このコースで
初めて
アンダーパーで
回れちゃった
母ちゃん
…
わかってるって
たださあ
これだけ苦手
意識があった
トーナメントで
初めて結果
出せたから
ウレチイのよ
気を緩めてる
ワケじゃないのよ
すっごい
緩めてる
気がするん
だけど
翌 最終日
SRIXON
キターッ!!
恋妻琴乃
ついにトップを
捕えました―!!

パチパチパチパチ
いまやツアーきってのヒロインが——
優勝に王手をかけました！
パチパチパチパチ
その頃——18番ホール
シード最年長選手天草すみれが18番に上がってきました！ここをパーでも81と今日は急降下——
やっぱし80台打っちゃった…
あのさー
こっちゃんを応援しにいきたいからさっさとホールアウトしてくれる？
……

日曜の!
お悩み解決
コラム
3

お悩み

どうしても苦手なコースがあるんです

え、どういうこと?
そのコースに行かなきゃいいじゃん。
それか「攻め方」変えたら?

ゴルファーには、苦手コースってのがあるんだってね。母ちゃんもよく言うよ「このコース、ど〜〜〜しても苦手なのよね」って。それで案の定大叩きして、「やっぱり、こうなると思った」なんて言ってる。それがわかってるんなら、交通費や宿泊費をかけてまで参戦する必要あんのかよって思うよなぁ。

母ちゃんとそんな不毛な会話をしていたら、女子プロ協会の人が教えてくれたんだけど、タイガー・ウッズは苦手なコースではプレーしないんだってね。反対に、得意なコースで開催されるトーナメントには積極的に参加する。それで、得意コースでは何勝もしてるみたいじゃん?

それって、いいイメージをすごく大切にしていて、反対に悪いイメージが自分の中に入ってくるのをものすごく警戒してる、もっというえば、自分の中に悪いイメージが入るのを恐れているってことだよね。

タイガー・ウッズだよ？　40過ぎのオバちゃんプロじゃなくてだよ？　ゴルフを知らないオレでさえ、タイガーがすごいってのは知ってる。そのタイガーですら、苦手コースは回らないっていう戦略を駆使してるわけじゃん？　なのに、40過ぎのオバちゃんプロがノコノコと苦手コースに出かけて行って、ムザムザと大叩きして、スゴスゴと予選落ちして家路に着くって……。

一般ゴルファーでも同じで、苦手コースがあるんなら、そこに行かなければいいじゃんってオレなんかからすると思う……でもそうか、コンペとか、「そこでやる」ことが決まってる場合が多いのかぁ。

「50点狙い」のゴルフをしてみよう

母ちゃんのことばっかりになるけどさ、あるトーナメントで450ヤードのパー4と、460ヤードくらいのパー5があったんだよね。まず450ヤードのパー4のティグラウンドで、母ちゃんはこう言ったんだよ。「難しいホールね！　ここはボギーでも良しとしなくっちゃ」って。

それで、今度は460ヤードのパー5に来たら、今度は「サービスロングだし、ここは絶対バーディが欲しいわね」って言ったわけなんだよ。

つまり、パー4のほうが10ヤード短いにもかかわらず、1打余計に計算してるってわけ。で、実際に初日はパー4で寄らず入らずのボギー、パー5では3打目が上手くピンにくっついてバーディだったんだよね。
このエピソードって、得意コース、苦手コースの話に通じるんじゃないかな。母ちゃんの飛距離だと、450ヤードを超えたらもう〝3打目勝負〟決定。その3打目に臨むとき「ボギーでも仕方ない」って思って打つか、「バーディ獲るぞ」って思って打つかが、結果にも影響を与えないわけないと思うんだよね。
だって、苦手コースって言ったって、18ホール全部苦手ってわけじゃないよね？　きっと、前に大叩きした強烈な記憶のあるホールがあって、そのホールへの苦手意識がコースへの苦手意識につながってるんじゃないかな。
たとえば、いっつもダボ以上になっちゃうホールがあるとするよね。そういうホールのティグラウンドに立ったときって、どういう風に考えるのかな。「今日こそはなんとしてもパーで上がるぞ！」とか？　言うまでもなく、それができたら世話はないよね（笑）。
そうじゃなくて、「いつもダボ以上だから、今日は絶対ボギーを取るぞ！」っていうふうに考えを変えたらいいんじゃない？　だって、「前回赤点だったから、今度は絶対100点取るぞ！」って言ったって無理だもん。前回29点だったなら、今回狙えるのはそうだな、せいぜい50点を超えるくらいじゃん？　そして、100点狙いと50点狙いじゃ、戦略は絶対変わってくるよね。
毎回右OBが出るホールなら、ティショットはアイアンで打ったっていい。とにかく確実に「5」を奪う。どんなに悪くても「6」で食い止める。そういうプレーを2回連続でできたら、そのホールはもう苦手ホールじゃないよね。だって、アマチュアの人だったら、得意ホールだって平気でボギーやダボを打つでしょ（笑）。

「苦手意識を作らない」工夫も時には必要

そうそう、苦手といえば面白い話があるよ。某・超有名国立大学ゴルフ部のカントクさんが女子ツアーに来ていて、そのときに聞いた話なんだけど、某・超有名国立大学のゴルフ部員は、超難関で知られる超有名国立大学だけに、入部当時はゴルフ未経験者が多いんだって。そもそもスポーツ経験も乏《とぼ》しかったりするみたい。

そんな部員たちをいかに効率良く上達させられるかってのが、そのカントクさんのミッションなんだけどさ。それがまさに、「苦手を作らない」ってことみたい。

具体的には、ラウンドに行ったら、50センチ以内のパットは全部ＯＫにするんだって。「え！」って思うじゃん？　試合に出たらＯＫはないんだから、経験させたほうがいいに決まってるってオレなら思う。でも、実際はそうじゃないんだって。

50センチ以内って、プロでも平気で外す距離だよね。短いから「入って当たり前」って思うのに、外してしまう。その失敗体験って、かなり強烈なものになっちゃう。それが蓄積するほうがリスクだって言うんだよ。「入って当たり前なんだから、失敗をすり込む必要はない」って。そのほうが自信を持って試合に臨めるみたい。

「いつもダメ」なら「いつもと違う」ことをする

プロアマ戦とかだと、プロは一緒に回ってるゴルファーにレッスンしてあげるんだけどさ、ついこの前、「天草プロ、私はどうしてもフェアウェイバンカーが苦手で……」なんて質問を母ちゃんが受けてたんだよね。

母ちゃんはああ見えて面倒見が悪くないから、構え方から打ち方まで、あれこれ懇切丁寧に教えてあげたんだよね。結局その人大ダフリして気まずかったんだけどさ（笑）。

オレから見ると、そもそもフェアウェイバンカーってクラブを浮かせて構えなくちゃいけないんでしょ？　普段クラブを地面に付けている人が、クラブを浮かせて構えるだけで大違いだよね、きっと。だとしたら、その状態に普段から慣れておく。つまり、練習場とかでクラブを浮かせた状態で構えて、そのまま打つ練習をしてなかったら、どんなにレッスンしてもらおうがなにしようが、上手く打てるわけないと思うんだよ、常識的に考えて。

苦手なコースも同じだよ。苦手、苦手と言ってるだけじゃ結果は同じ。それに備えて準備をするか、いつもと違うことをする。それが必要なんじゃないかな。

具体的には？　たとえばいつもガードバンカーにつかまるパー3が苦手なら、思い切ってバンカー手前に刻んじゃうとか。「そんなの現実的じゃない！」って？　ゴルフをやらないからわからないけど、そうなのかもね。でもさ、スコアが良くなるなら、その方法を選んだほうがいいよ。スコアカードに書くの、数字だけだもん。

日曜語録 3

同じことを繰り返しやって違う結果を期待するっておかしくない？

CASE 3 「なんでゴルファーって自分で自分を傷つけるの?」の巻

バンカーをキャリーで越えたァァァ!
パチパチ
パチパチパチ
これが昨シーズンのイーグル数1位の飛距離!!
こんなコが出てきたらツアーに母ちゃんの居場所はないよ
自分はつくづく齢《トシ》なんだなぁーって思う
初日に一緒に回ってもうホントにたまげちゃった…

つーか
なんで初日に
同じ組だった
母ちゃんが 最終日
家《ココ》にいるワケ？
たまには
母ちゃんだって
予選落ち
するわよ
3週続けてが
たまにかよ
……
おっと！
ザッ
プチ

ゴルフ
やらなきゃ
……
練習場に
行ってくる
レ？
フツー
あの場面だと
バカッとゲンコが
飛んでくるん
だけど？
相当こたえてる
みたいだね
日曜もうすぐ
1学期終わるん
だろ？
夏休み中
担いで
おやり

翌週CHOICEレディスカップ初日
天草すみれはあがいていた
今シーズンここまでこれといった成績を出せていない
ツアーで唯一40代といったことを考えれば――
それも当たり前のことかもしれないこのままではいよいよ今季で引退 そんな
思いも頭をよぎる天草すみれであった
ポカッ
いでっ

おおー
そーこなくっちゃ
母ちゃんは！
さあ初日
ハリキって
いってみよー
ゼ!!
天草さんの
ビタミン剤
——
果たして
今回の効果
は？
バギィ
PRGR
CHOICE LADY'S CUP

オトーン
パチパチパチパチ
パチパチパチパチ
スゴイ
スゴすぎる
……
一目惚れ
しました
お願い
します♡
キャー
くまモン
かわい～～～♡
よかったら
どーぞ
よくない!!
母ちゃんの
ヘッドカバー
だろーが!!

もー
ホント
ごめんなさいね
ペシッ
あ
いえ
息子さんの
日曜クン
ですよね
みんなから
聞いて知ってます
高3でしたっけ？
3つ？
私と
3つ
違いだ
そうよね
自分の娘と
戦ってるみたいな
ものなのよね
トンッ

パチ
パチ
パチ
ぜんっぜん飛ばない……
母ちゃんが飛ばないんじゃない彩香ちゃんがべらぼうに飛ぶだけだよ
あ
ザッ
こんなイージーなところからミスするなんて私はなんてバカなのっ！

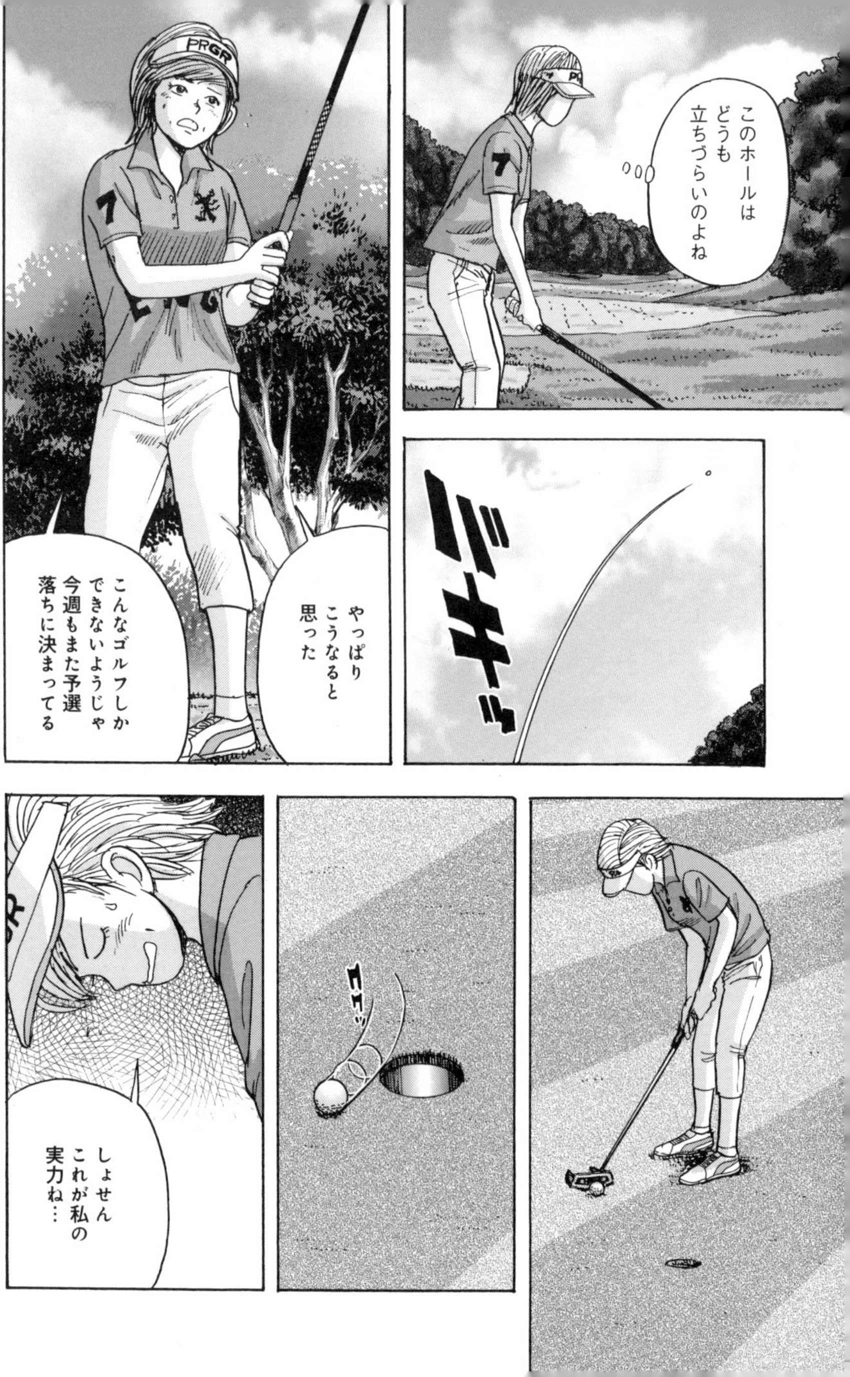
このホールはどうも立ちづらいのよね
ジャキッ
やっぱりこうなると思った
こんなゴルフしかできないようじゃ今週もまた予選落ちに決まってる
しょせんこれが私の実力ね…

コン
わっかんないなー
なんでゴルファーってそうやって自分で自分を傷つけるんだろ
え？
「齢だから」「非力だから」「私なんて飛ばないから」「パットが下手になった」「もうダメだ」「昔はもっと上手かったのに」「きっと失敗するホラ失敗した」
ぜ〜んぶ自分を傷つけるセリフのオンパレードじゃん

……
ズヒュッ
なんで自分の敵に自分がならなきゃならないの？
なんでもっと自分の味方になってやらないの？自分を応援してやらないの？
ズドッ
オォーーッ
パチパチ
パチパチ
パチパチ
パチパチ
「まだまだ私はやれる」
「飛ぶだけじゃない私は球を運べる」
「アプローチなら私はピカイチ」
「これくらいのピンチ今まで何度も乗り越えてきたじゃないか」

「きっと上手くいく」「その為に練習してきたんだ」——って
ゴルフは自信がないといいプレーができないんだって母ちゃんいつも言ってるよね
なのに自信をなくすような言葉かけばかり自分にしてるじゃん
自信をなくす言葉かけばかり自分に…
それにしてもナマでみる彩香ちゃんメッチャかわい〜〜〜♡

チャポ
く……っ
おっと
ボヤきそうに
なったら
ぜんぶ
「ラッキー」って
言ってみたら？
ラッキー？
うん
どんなことが
起こっても
「ラッキー」って
まず言うんだよ
池ポチャしたって
「ラッキー」って
言うの
池に入れて
どうして
ラッキーなのよっ
「ラッキー」
の後に
ムリヤリ理由を
くっつけりゃ
いいじゃん

「ラッキー！これが優勝争いの最中の池ポチャじゃなくてよかった」——って
あ
確かにそーかも…
最悪だと思っても案外最悪じゃない　母ちゃんがいつもオレに言ってきたろ
ものは考えようよ
——って
……………
なるほど　ツアーのみんなが言ってるとおりだ……

天草すみれ
初日73 46位タイ
はぁ 今週もまたオーバーパースタート 予選の当落線上か——
予選通過圏内でスタートしたぞ!って思えばいいんじゃない?
まあ予選通過は50位までだからそうとも言えるけど…
言い方でずいぶん印象って変わるじゃん
だったらいい印象の言葉かけをしてやんなよ自分に
そうすりゃちょっとずつ元気が出てくる
今の母ちゃんに必要なのは元気だよ
元気……

よし決めた！
明日は
みぞおちから
歩こう
どんなにゴルフが
悪くても 顔を
上げて胸を張って
みぞおちから
進んでいくように
コースを闊歩《かっぽ》しよう
元気に歩けば
きっとゴルフも
元気に——
なるか？
これで…

どん底！どん底！もう下がりようがないんだから
あとは上がるだけー！
……
ずいぶんな励ましようね……
渡鍋彩香
初日69
11位タイ
翌2日目
スタートホール
ビシッ
朝イチからドタバタしたくないなんとかフェアウェイにおかなきゃ
CHOICE

ドォッ
ガサッ
あぁ…
ラッキー！ ラフで止まってくれた
そ そーだったわね
確かに林の中まで入るよりは ……うん！
みぞおちから…
ピィ…ッ

いい
歩きっぷり
背筋が伸びて
昨夜《ゆうべ》ホテルのテレビで観た新体操の選手みたいじゃん ホラ リボンでクルクルーッての
ああ あんたがこ～んな顔して見てたヤツね
あんなふうに振ってみたいんだろ？母ちゃんは
え
だって母ちゃん練習中によく言ってるじゃん もっときれいな円を描きたいって
あのねー 新体操とゴルフは――
いや
案外いいかもしれない…

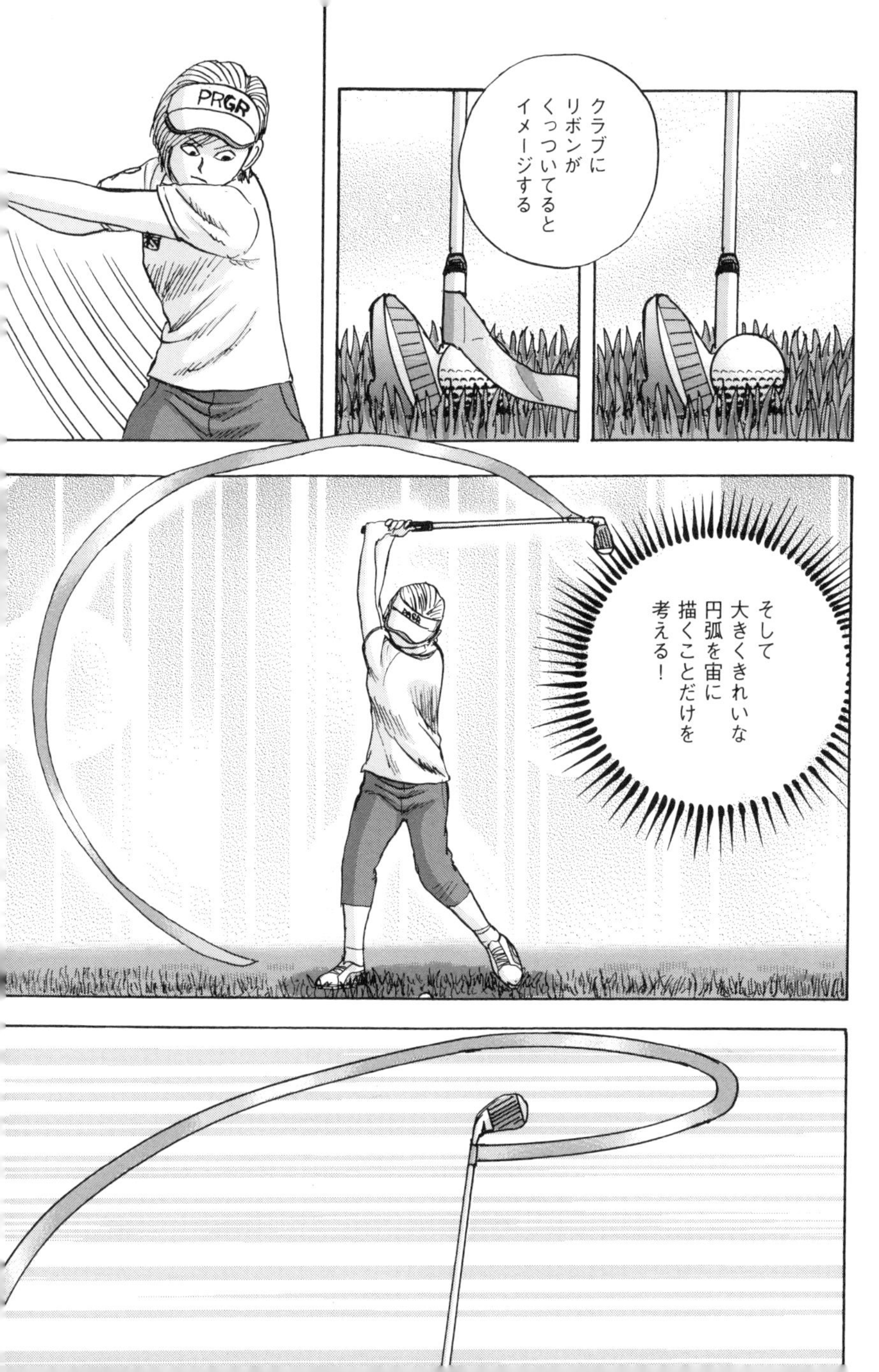
クラブにリボンがくっついてるとイメージする
そして大きくきれいな円弧を宙に描くことだけを考える！

ビキィ
トン
PR
あ……あ

おお──
母ちゃん
ナイス
まぐれ！
……
まぐれでは
なかった
この日
すみれは6バーディ
1ボギーの67
2日間TOTAL-4
13位タイに
ジャンプアップ

もち
予選通過ーっ☀
通過ーっ♪
出た…
日曜マジック
渡鍋彩香
2日目71
TOTAL-4
つーことは
彩香ちゃんと
同組ゲット!!
渡鍋彩香 -4 0
テルサ・レー -4 0
天草すみれ -4 0
翌最終日——
つーことに
……

すみれさん
初日とぜんぜん
雰囲気が
変わっちゃってる
いったいなにを？
昨夜ホテルに
帰ってから日曜に
言われたアレ……
いちばん響いたなあ
なあ
母ちゃん
母ちゃんは
なんの為に
ゴルフすんの？
ただ生活する
ための義務？
好きだから
ゴルフするんじゃ
ないの？
なによ
いきなり

ゴルフをしなきゃならないなんてことはないんじゃない?
ゴルフやらなきゃ
練習場に行ってくる
オレ大人がよく口にする言葉で大嫌いな言葉があるんだよね
「仕事しなきゃ」っての
仕事ってのが義務だけならオレは大人になりたくない
仕事ってしんどいだろうけどそこに楽しみとかやってやるゼみたいなもんがあるんじゃないのかな?

ドン
パチパチパチパチ
パチパチパチパチ
LADY'S
ゴルフを
やらない人間《オレ》から
ゴルフをやってる
人を見ると
これをなんとか
乗っけなきゃ！
このパットを沈めないと！
なんでこんな悪い
ライに！
――って
CUP

眉間にシワばかり寄せてまるで苦行でもしてるみたいに見える
もともとゴルフが好きなんだったら――
PRGR
もともと好きなら――
さーてここからどう乗っけてやろうかさあこのパットを1発で沈められるか
よーしこのライからどう脱出してやろうか――
PRGR

PRGR
みたいなワクワクと
挑戦する気持ちでいいじゃん?
ズバッ
ドッ

ターーン
きたあーっ
ワクワク
ショーット!!
PRGR
PRGR
「仕事しなきゃ」
じゃなくて
「よーし仕事
するぞ！」
か……
この試合
天草すみれは今季初の
ベストテンフィニッシュを
果たした

日曜の!
お悩み解決
コラム
4

お悩み

いくら練習しても上手くならない!

「いくら勉強しても成績が上がらない!」って息子さんが言ったらどうするかな。やり方を変えろって言うんじゃない?

オレ、びっくりしたことがあるんだよね。近所に住んでるゴルフが大好きなおじさんがいてさ、母ちゃんいわくスコアは90と100の間をいったりきたりだって言うんだよね。その人をたまたま母ちゃんの付き添いで行った打ちっ放しの練習場で見かけたんだよ。そしたら、めちゃくちゃいい球打ってんの! ドライバーなんて母ちゃんより飛んでるし、アイアンもキレッキレ。なのに、母ちゃんよりコースでは20打も30打もスコアが悪い。改めて思ったよ、「ゴルファーってやっぱり変!」って(笑)。

いくら練習しても上手くならないって、どういう意味なんだろうね。練習しても練習しても、ショットの精度が高まらないってこと? だとしたら答えはひとつ、レッスンに通うしかないんじゃん？　そんなの当たり前だって？　うん、オレもそう思う。

でもさ、母ちゃんたちツアープロだって、最近じゃコーチに習ったり、スウィングをチェックしてもらったりするのが当たり前じゃん？　プロだって、上手くなるためにはコーチに頼ってる。なのに、アマチュアだけ習うのを良しとしない道理がないよ。

クラブに「勝てる」ラフはない。だって、ただの草だもん（笑）

オレ、「いくら練習しても上手くならない」って言葉にはもうひとつ意味があるんじゃないかなって思うよ。それは、練習してい い球が打てるようになったにも関わらず、スコアにならないっていうこと。

でも、それってある意味当たり前なんじゃん？　だって、ゴルフ場と練習場って、全然違うもん。

たとえばラフ。フツーの高校生のオレから見ると、ラフってどう考えてもただの草なんだけど、ゴルファーには縄とか鎖とか、ゴルフクラブを絡め取るための罠みたいに見えているみたいに、血管切れるくらいの力で振るよね。で、大ダフリしたりする。力んでクラブを上から下に振れば、そりゃダフるよ。スウィングがいくら良くたって。

アイアンを持って、ほんの10センチくらい持ち上げてみる。それを裸足の足の上に落としたらどうなるかな？　きっとめちゃくちゃ痛いよね。骨折するかもしれない。そんな鉄の塊とラフ、どっちが強いのかな。

ラフにクラブが負けるっていうけど、ラフ

がクラブに勝てるわけないよ。試しにラフを持ってクラブを打ってみてよ。勝てないことがわかるから。

もちろん、ラフにあるボールを打つのが難しいのはわかるよ。母ちゃんたちだって苦労してるもん。でもさ、ただでさえ難しい状況を、力んで余計に難しくすることはないよね。「ラフは難しい」と思うこと、そのこと自体がラフを難しくしている最大の要因なんじゃないかな。

前半にいいスコアを出した人が後半崩れるのだって、同じ理屈だと思うよ。だって、「後半崩れますから！」とか、自分で言ってるんだもん。宣言通りに後半崩れたはずなのに、そういう人に限ってこの世の終わりみたいな顔をするのはなぜなのか、むしろ聞きたいくらいだよ（笑）。

みんな無意識に自分に「言い訳」している

ラフが苦手な人、バンカーが苦手な人、後半崩れる人、みんなどこかで上手くいかない自分に対して、あらかじめ言い訳してるんじゃないかな。「ショートパットが苦手」っていう人がショートパット外すとこういうじゃん「ほらね！」って。

言い訳が悪いとは言わないけどさ、スコアを良くしたいなら〝逆〟をやってみたらいいんじゃゃん？　前半にベストスコアが狙えるようなスコアを出せたなら、「よーし、後半はベストを狙いますよ！」と周りの人に宣言してみるの。そうすれば同じ組の人みんなが応援してくれるよね。それに乗せられて、どんどん調子が良くなることだってあるんじゃないかなあ。
「逆」がいやだったら、せめて「いつもと違うこと」をやったらどうかなあ。だって、「いつもと同じようなこと」をやっている限り、いつもと同じようなミスをして、いつもと同じようなスコアになるのは仕方がないことじゃん？
バンカーからサンドウェッジで出ないなら、アプローチウェッジや、ピッチングウェッジを持つ、とか。母ちゃんたち、プロのプレーを見ていると、プロってそういう裏技っていうか、技の引き出しみたいなものを、たっくさん持ってるんだよね。「どんな手を使っても、寄ればいいのよッ！」ってね（笑）
アマチュアの人ほど、「ラフはこう！」「バンカーはこう！」みたいに、プレーを決めつけているように見えるなあ。それで毎回、同じミスをしてる。
ゴルフの上手いプロのほうが「どんなやり方だろうが、スコアがよければそれがいい」って感じで発想が柔軟なのに対して、ゴルフが下手っぴなアマチュアの人のほうが頑固に見える。
たとえばタイガー・ウッズがフェアウェイウッドでアプローチの練習している写真をたまたま見たことあるけど、これ読んでくれてる人たちは、ウッドでアプローチの練習ってしたことあるのかな？

リズムだけ考えて18ホール回ってみたら？

あ、そういえば宮里碧ちゃん（CASE1参照）が面白いこと言ってたよ。碧ちゃんは、

「リズムが芯」なんだって。いいリズムは七難隠すっていうのかな、練習場からコースに行って、いいショットが出ないと、多くの人がスウィングを疑うんだけど、碧ちゃんの場合はリズムを疑うんだって。

だから碧ちゃんは自分のベストのリズムを常に強く意識している。それが「リズムが芯」ってことみたい。

碧ちゃんのスウィングリズムはすごくゆったりしているんだけど、それもリズムを固定するための方法のひとつだったのかなぁ。ま、人それぞれ歩く速さも喋る速さもメシを食う速さも違うから、リズムは人それぞれでいいとは思うけどさ。

アマチュアの人ってさ、練習場でも100の力加減、コースでも100の力加減で振っているように俺には見える。それで、ラフやバンカーなんかに入ると、100よりさらに上の120や130を出そうとする。そりゃ、リズムは壊れるよね。

練習場とコースじゃ大違いなんだからさ、練習場と同じようにスウィングするのなんて最初から諦めて、練習場と同じリズムで振ることだけ意識したらいいんじゃん？ それを18ホールの間意識するだけでも、だいぶ練習場とコースを近づけることができる気がするけど。

いくらリズムを一定にしようって考えても、どうせ力んじゃうっていうんだったら、普段から70とか80の力加減で練習しておけば、コースではちょうど100の力加減で振れるんじゃん？ 練習場をコースに近づけるっていうのかな。碧ちゃんみたいに、リズムを芯にする作戦、オススメなような気がするなあ。

日曜語録 4

池ポチャしたって『ラッキー』って言ってみようよ

7月最終週 火曜
——移動日
プァーー
プァーー
ラジエーターが
ダダ漏れ
自走は無理
ですね
え
あぢ〜〜〜！

CASE 4 「勝つのはたいがい、勝てると思ってる人間だよな」の巻

天草さん?
原《はら》江《え》玲《れ》菜《な》(ツアー1勝)
江玲菜ちゃん
ごめんね…本当に助かっちゃった

ぜんぜん！同じ試合会場に行くんですから
それにクラブ契約も同じプロギアの仲じゃないですか！
PRGR
PRGR
江玲菜たんは契約プロの看板♡一方母ちゃんは末期席を汚してるだけだから
末席だろ!!誰が末期だあーっ!?
ちゃっかり助手席陣取って
この渋滞でさっきからずっとイライラしてんだよね 母ちゃん

誰だってそうなるよー夏休み入ったから行楽客が多いんだろうけど
仕事に行く身からするともうって気持ちになっちゃう
でもさ――運転免許を持ってる人は一生の内のかなりの時間を車の中で過ごすよね
プロゴルファーなんて特にそうじゃない？
その時間を不機嫌に過ごすって考えたらすごくもったいないと思うけど
ゴルフのライといっしょだよ渋滞は自分の力じゃ変えられない
だったらゆっくり考え事をしたり音楽をのんびり楽しんだり
普段取れないスローな時間にすればいいのに

へぇ〜
これがツアーの仲間《みんな》が
ウワサしている
日曜思考《サンデーマジック》か…
ボクと
おしゃべりを
ゆっくり
楽しむとかさ
お前は
江玲菜ちゃんと
長時間
いたい
だけだろ！
大塔建託レディースゴルフ
——初日1番《スタート》ホール
初日
同じペアリング
だったんですね
フフ
同じクルマで
コース入りして
宿も同じで隣の部屋で
同じクラブ使って…
なんか同じ尽くしね

スコアも同じで
2日目《あした》も
最終日《あさって》も
同じ組に
なったりして
ついでにオレと同じ組に♡
江玲菜ちゃんは
先々週2位
先週8位って
絶好調じゃない
いつ勝っても
おかしくない
わよね
去年から
ずっと
そう言われてます
でも
勝てない
それでは
第16組の
スタートです！
パチパチパチ
昨年の賞金
ランキング9位
今年もここまで
4試合のトップテン
フィニッシュ
ツアー7年ぶりの
優勝が期待されます
原 江玲菜
選手!!
NEC
Samantha Thavasa
パチパチパチ

大塔建託
ホールインワン賞
¥2,000,000
いいところまでいっては いつも失敗体験ばかり
だからあんまり自分に期待しないようにしてるんです
PRGR
NEC
カキョウ
PRGR
Samant
スタートホールがパー3なんて珍しいな

続きまして――
あー いい! いい!!
紹介するほどの成績出してないから今季のベストテンフィニッシュは1回ポッキリ それもやっと先週だから
稼げない《ボンビー》プロ 天草すみれ選手です!!
齢は――
齢まで言わんでいいっ!
あはははははは
トン

二人とも一番広いエリアに乗せてきたな
ああ プロとはいえど初日のヨーイドンでバタバタはしたくないんだろ 左の池だけはって思いきり避けたな
ムッ
安全策ねえ あれじゃあ勝てないんじゃないの
人が投げたボールをぜんぶキャッチする必要はないって
捕るか捕らないか選択権はこっちにあるんだよ

ただださぁ
勝つのはたいがい勝てると思っている人間だよなぁ
え
……
……
コン
勝つのは勝てると思ってる人間!
ピタッ

ワァア
勝てると自分に期待して何が悪い！
コットーン
あぁ～っ
クルッ
うぎっ！
原江玲菜
初日-5　首位タイ
ビシュ
ヤシュ
いいスタートを切ったな江玲菜

それに
もう一人の
トップが——
天草すみれ
同じく初日-5
ググッ
……フフ
PRGR《われわれ》
としてはウチの
契約プロが
2人でトップなんて
こんな嬉しいことは
ないよ
同じスコアでも
江玲菜タンは
ショットが
キレキレ
もっと伸ばしても
おかしくなかった
けど
母ちゃんは
1番を除いて
パットが入り
まくり——
ショットは
グレグレ……

もっと腰のターンをスパッと速く
左足の裏をめくらないように！
右ヒザがルーズになってる!!
ビシッ
ホント絶好調だな 江玲菜は 仕上がってるよ もう打たなくていいんじゃん？
ありがとうございます……
でも もう少し

勝つのは勝てると思っている人間！今週私は自分に期待してみることに決めた
そのためにはもっと完璧に仕上げないと…
PRGR
NEC
Samantha Thavasa
母ちゃんは下半身の動きばかり気にするんだな
大塔建託レディース
そうよ プロは〝足で球を打つ〟の
ネッ 江玲菜ちゃん？
イイッ そうなの!?
PRGR
大塔建託レディース

ズルッ
どう見ても球はクラブヘッドで打ってるように見えるけどな
当たり前でしょ！そういう意味じゃなく……
!!
体の動きばかり気にして肝心のクラブヘッドが振れてない…？

クラブを……先端《ヘッド》を……
気持ちよく振ることだけに集中する！

PRGR
おっ 出ました 布団叩き!
大塔建託レディース
PRGR
布団 叩き?
ズパッ
母ちゃんが 布団を 叩く時って すっごいじゃん
あの時の母ちゃんを 見るとゴルフで 飛距離が出ない方 だってのが 信じられないいん だよね
……
布団を叩く時 私ってなにを 考えてる? 足がどうとか ヒジがどうとか ヒジの角度とか なにも考えてない
ただ 布団叩きと いう道具の 先端を振る ことだけを ……

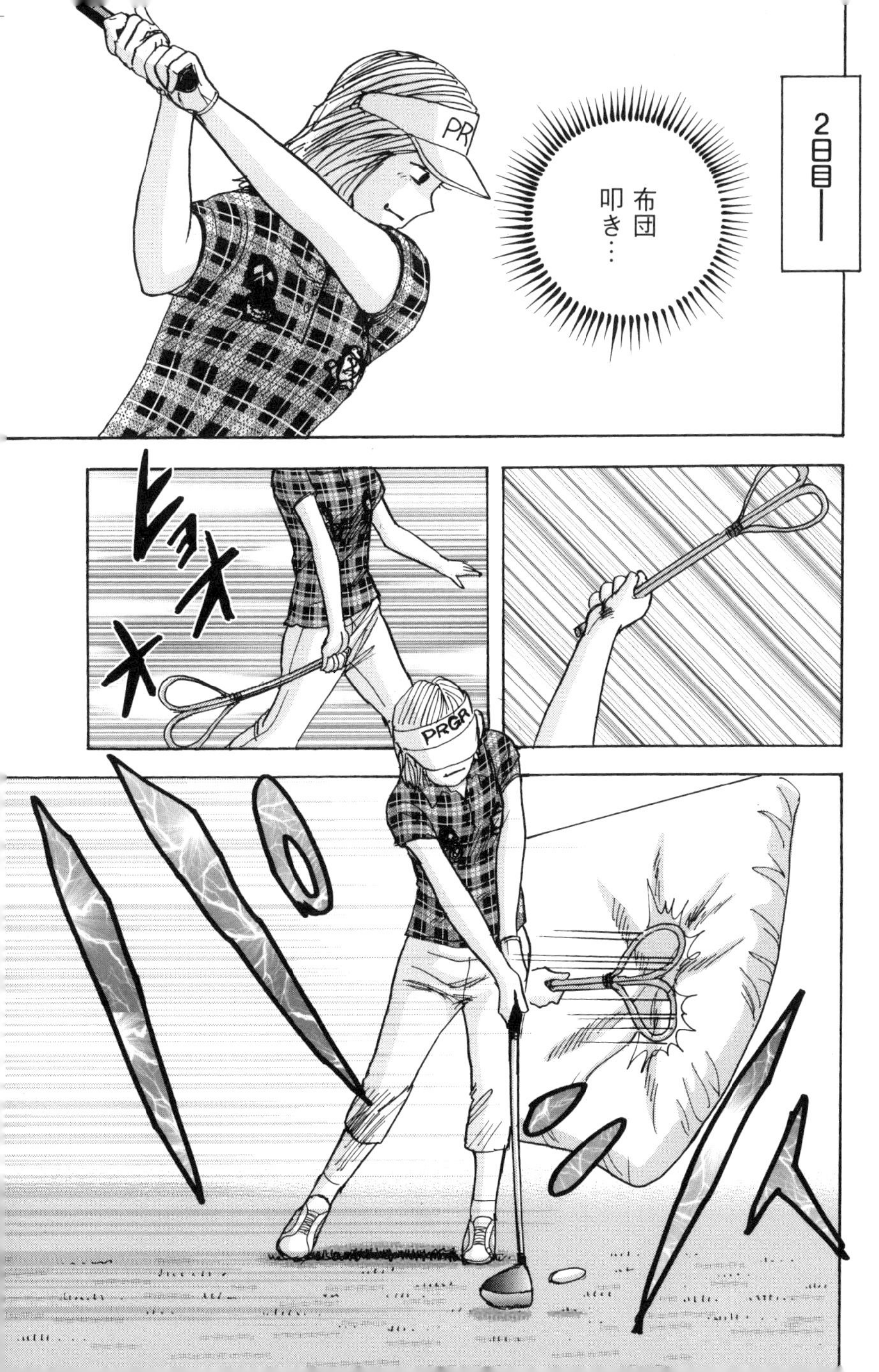
2日目──
布団叩き…
ヒョオオ
PRGR

ズヒュ
パチパチパチパチ
パチパチパチパチ
パチパチパチパチ
お
私と変わらない飛距離に……
どっひゃあぁ母ちゃん若《わ》っけぇー!!
とっても40過ぎには…
ゴゴッ
……

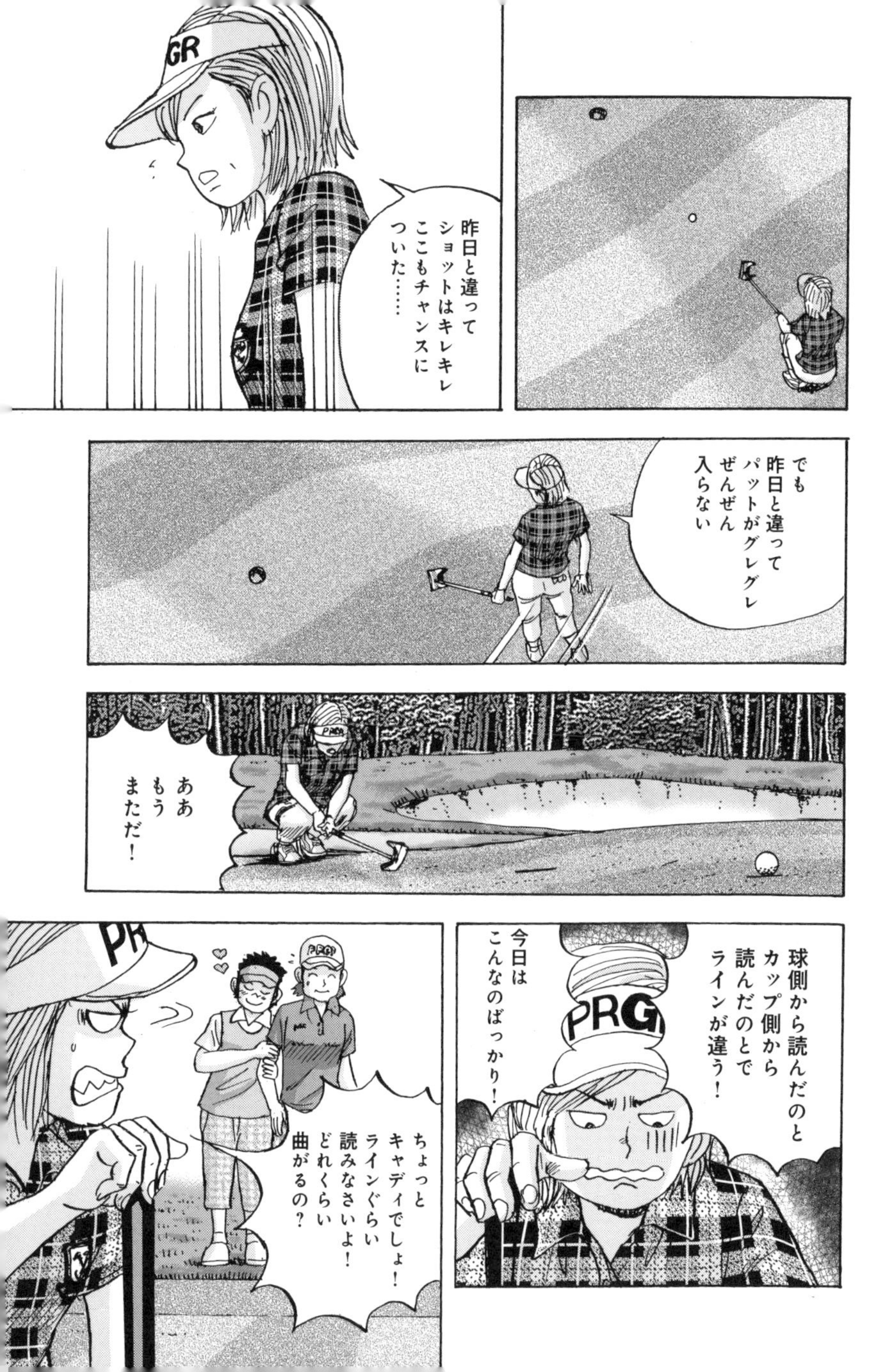
昨日と違って
ショットはキレキレ
ここもチャンスに
ついた……
でも
昨日と違って
パットがグレグレ
ぜんぜん
入らない
ああ
もう
まただ！
球側から読んだのと
カップ側から
読んだのとで
ラインが違う！
今日は
こんなのばっかり！
ちょっと
キャディでしょ！
ラインぐらい
読みなさいよ！
どれくらい
曲がるの？

またあとで♡
——ったく ゴルフやらない オレに訊くなよ
ウワサどおり ホントにライン 読まないんだ 風も読まないし 距離も教えない ……
球側から見ると カップ3つ カップ側から見ると カップ1つしか 切れないように 見えるのよね
どっちが 正しいと思う?
じゃあ 真ん中とって カップ2つで いいんじゃない?
大塔建託レディース
ハアっ? そんな どっちつかずで プロが打てる ワケないでしょ!
弱
強
弱 中 強
どっちつかずは ちょうどいいとも 言えるんじゃない?
例えば 扇風機をかける時 風が弱すぎたら 暑いし 強すぎたら うっとうしい どっちかに偏るのを 避ければ ちょうど いいじゃん

パットも 同じように 迷ったら 強でも弱でもなく 中をとるのが 一番確率が 高いんじゃないかな
カップ 2つ…
まあ オレは ゴルフを やらないから そんなふうに 思うのかもだけど
コトーン
そっか 攻めのゴルフとか 守りのゴルフとか 言うけど 勇敢すぎず 臆病すぎない ちょうどいいを 選べばいいんだ

18番パー5
ベストショットをすれば2オンしないワケじゃないが…
勇敢すぎず
大塔建託レディース
レイアップする
臆病すぎない

ズバァッ
右の池を怖がりすぎて左のラフやバンカーまで逃げない
原江玲菜 狭いフェアウェイのベストポジションにレイアップ！
杏建託レディ
SCORE
PLAYER
RANK
-8
1 原 江玲菜 -8
天草すみれ -7
林 彩夏 -6
山志穂 -6
戸 恵
すごいよ！江玲菜 今度こそ勝てそうな気がする!!
そう感じさせるくらいゲーム運びが落ち着いてるもん！
あ もちろん すみれさんも
ついで感アリアリなんですけど

ダメだ
眠れない
ムリに
眠らなくても
いいんじゃない？
でも 眠らないと
明日に障るし
…
そんなことないよ
眠れないのは睡眠が
足りてる証拠
足りてなければ…

たとえば徹夜続きの漫画家だったら明日が優勝争いだろうと すぐ眠りに落ちちゃうって
そっか そうだね一晩くらい眠らなくたって平気か
うん そう考えれば気がラクになるな
江玲菜ちゃん…
原は最終日にくずれる――
私は周囲《みんな》からそう思われている
しょうがないですよね 事実もう何度目の最終日最終組だろ
なのに一度も勝ってないんだから

勝つのはたいがい勝てると思ってる人間だ——って日曜クンの言葉響いたなぁ
おかげで今優勝に一番近い位置にいる
今度こそ自分に期待しようと思ってるそれでも最終日《あした》のこと考えると…
最終日によくまくってくる人っているよね？
そういう選手は「私は最終日に強い」って自分で思ってるんだよ

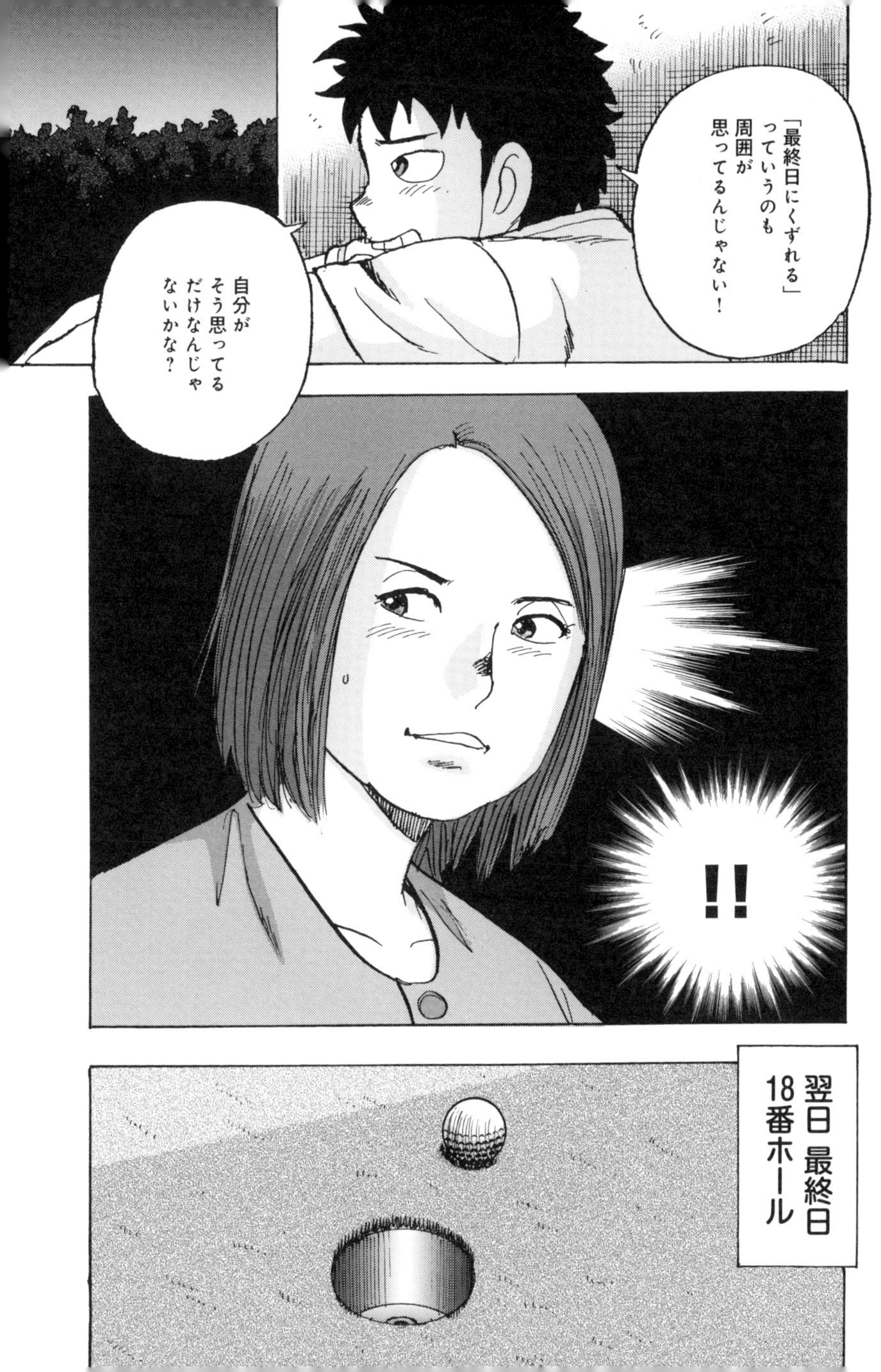
「最終日にくずれる」っていうのも周囲が思ってるんじゃない！
自分がそう思ってるだけなんじゃないかな？
!!
翌日 最終日 18番ホール

原江玲菜
やりました
7年ぶりの
ツアー優勝です！
今1打差で
振り切った天草
すみれと 健闘を
讃え合っています
泣いています！
すみれさ～ん
おめでとう
そうでしょう
ここまで長かった！
よくやった
原江玲菜!!
放送席
放送席
優勝
うんうん
よくやっちゃ…
江玲菜ぢゃぁぁ
ぁぁん！
あのさー
もし母ちゃんが勝てば
8年ぶりだったんだよ
なんか敵に塩贈った
感ない？

日曜の！
お悩み解決
コラム
5

お悩み

どうしてもコンペで勝てない！

勝てる人は「コンペで勝てない！」って悩んだことがない人だよ、きっと。「勝つのはオレだ」と思っていれば次勝つよ。

コンペかあ。オレには縁のない世界だけど、夢中になっていることがあって、それでライバルに勝ちたいって気持ちはわかるなあ。たとえばゲームだって、友達と競うとついアツくなっちゃうもんね。

コンペって、プロにとってはトーナメントだよね。残念ながらオレの母ちゃんはもうず——っと優勝していないけど、母ちゃんが一緒に回ったプロが勝つシーンは見たことがあるんだよ。

それでさ、勝つプロって途中から顔に書いてあるよね、「勝つのは私だ」って。自信マンマンで打つから当然いい球が出る。いい球が出るからギャラリーが沸く。ギャラリーが沸くからもっと自信がつく……って、すごいいいスパイラルがある。

反対に母ちゃんの場合、「どうせ私なんて飛ばないしアラフォーだしシードギリギリだし……」なんて景気が悪い顔でプレーしているから、空気が悪くてギャラリーもお通夜状態。あれじゃ勝てないよね（ゴッ、とすみれにぶん殴られる）。

とっ、とにかく、勝つ選手は、「勝とう」と思ってコースに入って、「勝てる」と信じてプレーをはじめて、ホールアウトする前から「勝つのは自分だ」って結論を出しているような気がする。

おそらく「コンペで勝ちたい！」って思ってるってことは、ゴルフがかなり上手なんじゃないかな。「本当は勝てるはずなのに、なぜか勝てない」って思っているのかも。

それならさ、ラウンド中にやっぱり変なこと考えちゃってるんじゃん？　たとえばさ、「優勝するためには、前半のハーフを45で回るぞ！」とか思うわけだよね、きっと。全ホールボギーでいいんだ、とかさ。で、1番ホールでいきなりOBが出てトリになっちゃう（笑）。って、笑いごとじゃないんだろうけどさ。そのとき、「出だしのトリを取り返すぞ！」って考えるのがゴルファーだよね。

でもさ、ミスを取り返すぞ！　って宣言して、そのミスを本当に取り返すことができた人って、見たことないよ。

だいたいさ、計算するのが変だよ。たとえば目標スコアが「90」なら、18ホール全部ボギーで回る計算だよね。じゃあさ、出だしトリなら目標スコアは「92」に変えなきゃ変じゃん。出だしトリを打ったにも関わらず、目標スコアが90のままってことは、はじめに設定した目標スコアを、スタートした後で

「88」に変更したのと同じことだよね。だって、1番ホールでトリを打った人は、特別に残り17ホールの難易度を下げますなんていうルールはないわけだもん。
こうして、どんどんスコアのハードルを無意識に上げるから、攻め方が特攻っていうか、玉砕っていうか、むちゃくちゃっていうか……それで110とかの大爆発になっちゃうんじゃないかな。
こないだ観たテレビのドラマで、借金をギャンブルで返そうとして破滅するっていう悲惨な話があったけど、それと似てるよ、発想が。日常生活では借金もしない、ギャンブルにも手を出さないマジメなオトーさんが、芝生の上で球を打った瞬間にギャンブル依存症の人みたいになっちゃうんだからゴルフってホント、怖いゲームだよなあ（笑）。

目標スコアなんて、臨機応変に変えちゃっていいと思うんだよね。だって、たとえ1億円積んだって、泣いて頼んだって、出だしのトリは取り返せないんだもん。それにもし、そのコンペで「90」を出せば80％勝てると思っていたのなら、そのスコアを「92」に変えたところで勝てる確率は75％くらいにしか下がらないでしょ？
それでもどうしてもミスを取り返したいと思うんだったら、「その日」じゃなくて、もっと長いスパンで考えてみたら？
登山の本を読んで知ったんだけど、7000メートルとか8000メートルの山に登ろうと思ったら、途中途中にキャンプをいくつも設営して、少しずつ、少しずつ登って行くんだってね。一気に頂点に行くんじゃなくて、高度に慣れながら、ときに少し降りたりしつつ、少しずつ高度を上げる。8000メートル級の山に登るには、その前にある程度高さのある山に登って高度に慣らしたりもするみたい。

それと同じでさ、優勝とかベストスコアとかを達成するためには、まずは平均スコアを高めることが大切なんじゃないかな。だって、コンペで勝つ確率が高いのは、平均スコア100の人より、平均スコア90の人……だよね？　ハンディキャップとかあるだろうから、一概には言えないかもしれないけどさ。

1打のミスを18ホールかけて取り返す。もっといえば、次のコンペの日までに取り返す。そう考えれば、きっと、少しずつ平均ストロークは良くなっていくんじゃん？　そうしていけば、そのうち優勝カップが向こうから転がり込んでくるんじゃないかな。

プロはグリーン上から戦略を「逆算」する

計算するといえばさ、アマチュアはスコアを計算してるけど、プロは攻め方を計算しているよね。

ティグラウンドでプロがなにを気にするかって、グリーン上のピンポジなんだよね。ピンポジが左ならフェアウェイ右のほうが狙いやすいとか、そういうのがあるんだって。ピンに対してセカンドがバンカー越えにならないラインに打っていくとかね。母ちゃんレベルのプロでも、一応ちゃんと考えてる。

多分、飛ばそうとか考えてる人は意外なくらい少ないんじゃないかな。いかにいいパットを打てるか。そのためにはセカンドをどこから打つ必要があるかを考えて、その地点にボールを運ぶ、そんな意識で打ってる気がする。すべての発想がグリーンから、もっといえばピンから始まってるんだよね。計算じゃなくて「逆算」だね。

プロみたいに狙ったところに打てないから、「逆算」なんて意味ないって？ そうかなあ。オレは、「このパー5、できればパー、いやバーディが欲しいな」とかティグラウンドで根拠なくつぶやいてるほうが意味ないと思うけど。

だって、たまたまティショットがフェアウェイに飛んで、たまたまセカンドのスプーンも上手く打てて、たまたまアプローチが寄って、そこからたまたま入ればそりゃまあバーディなんだろうけど、それ「たまたま」4つだよ!? 「たまたま」って、どう高く見積もっても確率25％とかのことだと思うけど、それが4回続くって、計算したら確率0・3％だよ。300回に1回しか来ないバーディを期待するほうが、ミスの可能性を考慮して、自分のできる最善を「逆算」するより意味があるとは思えないけどなぁ。

パーをとるにはパーパットで上りのラインを残したい。だから、サードショットは短い距離のアプローチを残したい。ならばセカンドショットは池に入れるわけにはいかない。ってことはドライバーはOBだけは避けたい……って、これくらいのプレーなら急に「できそう」って気がしない？

パーパットが入るかどうかは打ってみなきゃわからない。でもたとえ腕前が同じでも、スコアは考え方で大きく変わる。ゴルフをやらないオレの、それが結論だよ。

日曜語録 5

どっちつかずはちょうどいいとも言えるんじゃない？

新千歳空港
着いたあ!ほっかいどー!でっかいどー!
お前そんな古いコピーよく知ってるね
カニだろホタテ♡ウニ♡イクラに
ジンギスカーン♡
そんでもってまたカニ♡
うん母ちゃん今週はやるよー!なんせ相性バツグンのコースなんだから!
10年前に一度勝ってるしベストテンフィニッシュも過去6回の試合だもん
ホテルだって最終日まで予約しちゃったしー
ここでバッチリ稼げばシードも見えてくるしー

CASE 5 「1打のミスは、18ホールかけて取り返せばいいよ」の巻

TAISYO CUP
そんなに意気込んで大丈夫カニ・・？
母ちゃんにすべて任せておきなさい！お前は今週は口にチャック！黙ってバッグを担ぐだけでいいどー！

──2日目終了
予選落ちしたど～……
こ こんなはずじゃ………
どーすんだよ母ちゃん ホテルキャンセルして帰んのか？
はあ……
……
ひめっ!! なんだその態度は!?
もうヤダ！ お父さんのキャディうるさすぎる！
このっ…… じゃあもう明日は担いでやらないぞ！
PRGR
いいもん!!

ええ〜〜〜っ
オレが？
お願いします
明日担いでくれませんか？
んーまぁ
明日ヒマになったし……
いいけど
…… ……
翌——最終日
それでは第11組のスタートです
RANK SCORE PLAYER TODAY HOLE
1 -5 イ・ボム 0 1
-5 菊池絵里香 0 1
@高見沢ひめね 0 1
3 -4 鈴本 恋 -2 7
-4 鳴田寿美々 0 2
-4 甲 エジ -1 4
-4 盛田理香子 0 3
7 -3 有働二子女 +1 2
-3 水戸 東 -2 8

今年のステップアップツアー初戦でアマチュアながら優勝
パチ
パチパチ
パチパチ
パチパチパチ
パチパチ
ひめちゃーんプロに遠慮しなくていいぞ!
スーパー高校生高見沢ひめね選手!!
優勝しちゃえー!!
CUP
へ〜〜〜人気あるんだな
ゲッ母ちゃん来てやがる!つーかあれで変装してるつもりか
私のお父さんも
私のキャディをするだけならどんなミスがあっても私が迷惑すればいいだけ――でも他人様のキャディをするとなったら……
気が気じゃないわっ

あ
ザッ
トップと2打差で最終日だもんな
ザワ ザワ
優勝も狙える位置だけに……相当キンチョーしてらぁ
くっ！最終日はスタートが大切だとあれほど言ったのに……！

SRIXON
しょい込んじゃった顔して…真面目なんだろうなこの子
TAISHO
TAIS
わっかんないなーゴルファーってなんでそんなにすぐにミスを取り返そうとするんだろ
SRIXON
あの隙間を抜けばグリーン近くまで持っていける
まだパーがある!
ヒュン
CUP

18ホール
かけて取り
返したって
いいんじゃない？
えっ
PRGR
TAISYO CUP
SRIXON
もっと言えば
ひめちゃんはいずれ
プロゴルファーに
なるんだろ？
ってことは
これからもほぼ毎日
ゴルフする
だったら
一生かけて
取り返したって
いいじゃん
たった1打の
ミスくらい
一生ありゃ どっかで
取り返せるっしょ？
一生
かけて……

大体さ ゴルフ観ていて思うんだけどスコアをくずす人ってミスした1打だけでスコアをくずすわけじゃないよね
ゴッ
その1打の後にゲームを壊していくんだよね
ロープの中に入らないからって化粧手抜いたろ? シミが見えっぞ
PRGR
ゴルフのミスは取り返せるけど加齢とシミは取り返せない ちゃんと隠さなきゃ
な……っ あ あのね!
PRG
ひめねちゃん ナイスアウト
おお 天草すみれだ!
ドドッ
アハハ 加齢とシミ ばっかは取り返しがつかないか
なんでギャラリーについてるんだ?
SRIXON
アハ
日曜 あとで覚えてらっしゃい

大事な最終日なんだ！笑ってる場合か！
練習で挙げたテーマを1打ごとチェックして集中するんだっ!!
うん それだ！その右ヒジの使い方なら曲がらない！

よし！
ドッ
ヨーイドンで
いきなり山場が
きやがった……
この1打は大事だ！
これを入れるか
入れないかで
今日の流れが
決まるといっていい！
確かに……
入れればスッと
心が落ち着く
ノッていける
でも外せば
浮き足だったままの
プレーが続く
これを
入れないと
……
ドクン
ドクン

大事な1打なんてないんじゃないかな
SRIXON
あいやね ゴルフ中継とか観てると解説者がよく言うじゃん「これは大事な1打ですよ」って
TAISYO CUP
オレはゴルフやんないからそうは思わないんだよね
だってこれを入れたら優勝ってパットもカップ際に止まった球をタップインするのも1打は1打
TAISYO CUP
高見沢
重みは変わらないはずじゃん? だったらいちいち気持ちに起伏をつけずにどんな1打も同じ気持ちで打てばいいのになあって
ことさら大事な1打なんて………
ない!

どれも同じ1打
18ホール中の
ワンストロークに
すぎない……！
コン
SRIXON
あ あ〜っ
なあに
入らなかったからと
いって もう優勝が
ないわけじゃない
入っていたとしても
優勝が決まった
わけでもないし──
SRIXON
ゆ
優勝って
……

プロに遠慮することはないよ優勝を狙っているんでしょ？
そのために練習してきたんでしょ？欲しいものは欲しいって正直に見据えてプレーしようよ
うん！
傍《はた》から観ているとうまいなぁボギーを打ったのに却《かえ》って優勝に向けて気持ちを前向きにさせた……
くそっボギースタートか！前腕とシャフトに角度がつきすぎていただからフェースがロールしたんだ
オレがキャディについていれば！

TAISYO CUP最終日! 勝負は終盤戦に入っておりますが大変なことが起こるかもしれません!
高校生のアマチュア高見沢ひめねが現在トップと1打差! プロを退けての優勝があるかもしれません
ア高見沢、快挙なるか
15H
SRIXON
-6 高見沢ひめね
首位と 1 打差
はー……飛ぶなあ バンカーをキャリーで超えた

飛ぶでしょ？そこいらのプロよりずっと飛ぶんですよひめは！
カチーン
そこいらのプロって私のこと？
わ私は球を運んでいるんです飛ぶだけの選手こそいくらでもいますからね
じゃあ今週は球を運べなかったんですね
だから予選落ちしたんでしょ
クスクス
うぎッ
左に池……
TAISYO CUP
私キンチョーすると下半身が止まるクセがあるのここは左腰をしっかり切って少し開いてもいいくらいの気持ちで打たないと……
かといってトップに追いつくには右に逃げすぎても……
XON

え？
ひめちゃんもオレの母ちゃんと同じだなあ
スウィングのことばっかり気にする
だって球が曲がるのはスウィングに問題があるからで——
スウィングに問題がなくなるなんて考えない方がいいよ
問題なのは問題があることじゃない
問題がなくなることを期待して問題があることが問題だと考えることだよ
問題を完璧に解こうとするよりどう付き合っていくかを考えるべきじゃないかな
こういう場面で球が捕まっちゃうのが私の問題《クセ》だったらそれを直そうとするよりそれを見越してやや多めに右を狙っていく……

うん
あのまま真っすぐ
飛んでも
バーディが
ないわけじゃないし
あのバカ!
ショートアイアン
なのに
逃げやがった!
いいえ
クワン

問題《クセ》が素直に顔を出したら――
ドドッ
オオーッ
きたあーっ!!これでトップに並ぶのは確実!!高見沢ひめねおそるべき高校生です!!
ね
パチ パチ パチ パチ
TAISYO CUP
SRIXON
パチ パチ パチ パチ
SRIXON
問題を完璧に解こうとするよりどう付き合うか……か

なんということでしょう 現在トップタイの高見沢ひめね 17番で大ピンチです!
TRISYO CUP
高見沢ひめね
目土された砂の上 少しでも噛めば バンカーの餌食になる……
球を右足寄りに置いて 上から クリーンに打つか…… いっそエクスプロージョン という方法もある!
ああっ くそ! オレがキャディについていれば 技術的に アドバイス してやれるのに ……

ツイテないな
そうかな？
え
ピンがバンカー越えてすぐのところだったらギャーッてなもんだけど
ピンは奥じゃんそれってツイてるとも言えるんじゃん？
アンラッキーと思う中にも結構ラッキーって紛れ込んでいるもんだよ
それにオレの死んだ父ちゃんが言ってた
日曜 覚えておけ 自分に降りかかる大変なことは大抵自分が思っているほど大変なことじゃないんだ

——ってさ
ダフっちゃいけないって
思うかもしれないけど
花道からの
アプローチだって
ダフっていいわけじゃない
だったらやることは
同じだよ クラブを
右から左に振るだけじゃん
大変な
ことじゃないって
やることは
花道と
同じ……
うおおーっ
ディボット跡から
見事に
クリーンヒット!!

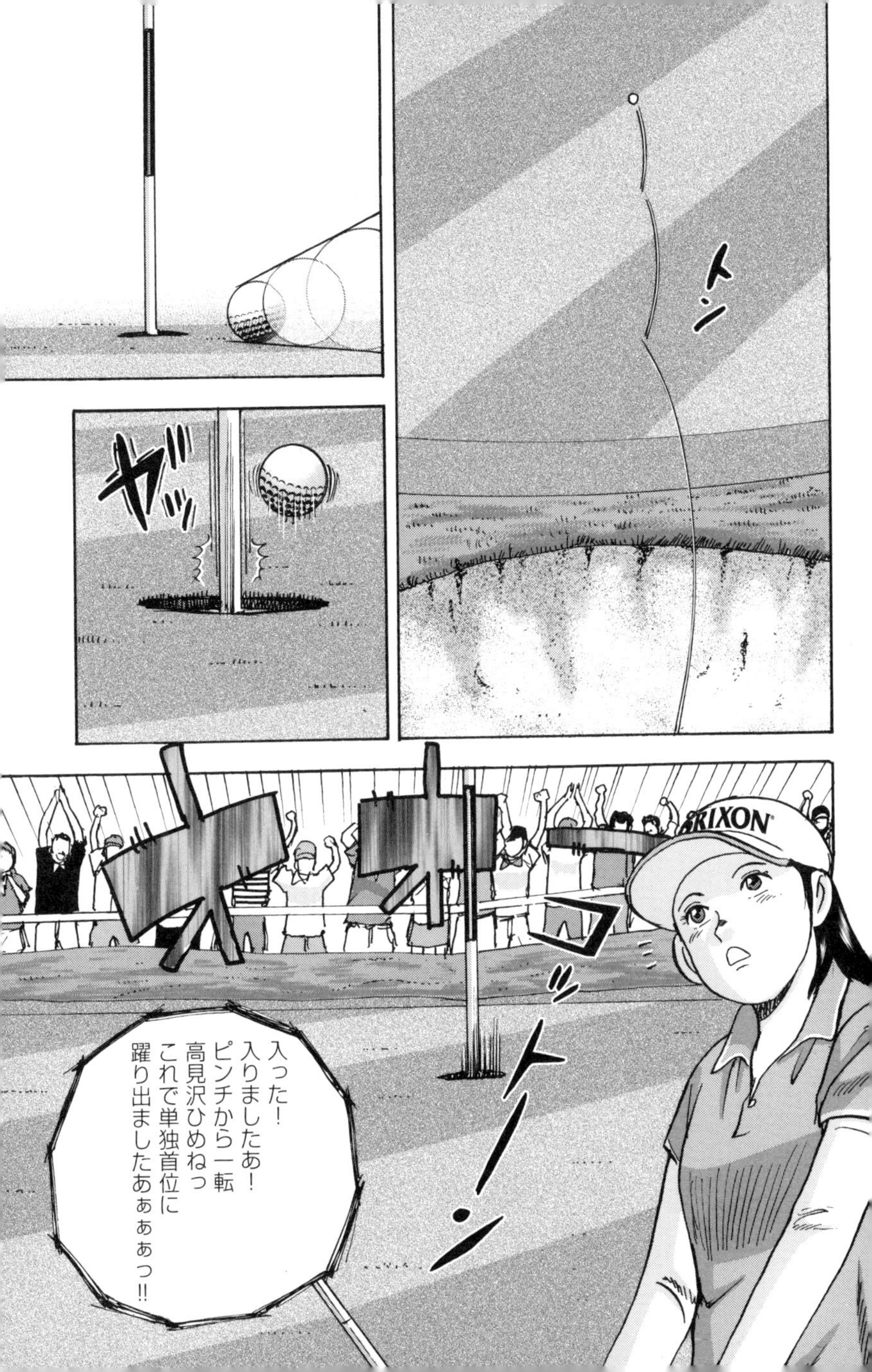
トン
ガッ
入った！
入りましたぁ！
ピンチから一転
高見沢ひめねっ
これで単独首位に
躍り出ましたぁぁぁあっ!!

あの日曜《キャディ》っての
技術的なことは
一切アドバイス
しないのに…
しないんじゃないの
できないの
ゴルフ
やらないからね
パチパチ
パチパチ
パチパチ
パチパチ
パチパチ
ハハ…
こんなうまく
いくのって
おかしいよね…
最終ホールで
きっと大トラブル
になるんじゃ
……
ゴルファーって
どんないい時も
いつか必ず悪く
なることを怖がるよね
じゃあ逆に
悪い時はどうだろう？

こんなに上手く
いかないことばかりの
はずがない！
どこかできっと
よくなる！
――って考えればいいのに
そんなゴルファーって
いないよね 見たことない
悪い時は徹底的に
落ち込んでいく
うぐっ
確かに…
つまりゴルファーって
放っておくと
悪い方悪い方へ
考えるクセがある
生き物なんだな
トラブルになる心配は
トラブルになってから
すればいい
うまくいってる時くらい
調子に乗ろうよ
調子に乗るなって
言葉は 調子に乗る
ほどうまくいった
ことがないヤツが
言うんだよ

18番ホールは フェアウェイ ど真ん中ぁぁぁっ！ なんたる強心臓!!
これが 17歳の ゴルフでしょうか!?
不思議だなぁ
なにが？
だって ——
これだけ選手を 心強くさせる アドバイスを くれるキャディさんが いたのに なんで 天草プロは予選も 通過できなかったん だろう？
ズルッ
……
今週の母ちゃんは 伏せた茶碗 だったからね
伏せた 茶碗？

最初から聞く耳がないってこと伏せられた茶碗にはご飯を盛《よそ》いようがないじゃん？
だからオレなにも言わなかったの
あ
お前は今週は口にチャック
私も——
伏せた茶碗だったかも
ひめクラブが少し寝て入ってるぞ
気持ち左足体重にすれば——
あーハイハイ
茶碗がきちんと上を向いて置かれていれば ご飯を盛れる

まあ
茶碗からあふれるほど盛っちゃあ結局こぼれちゃうけどね
ぁ
お父さんのキャディうるさすぎる
TAISYO CL
言いすぎれば結局耳からこぼれてしまう……!
パチパチ
パチパチ
パチパチ
パチパチ
史上5人目のアマ優勝を果たしました高見沢ひめね選手です!!
SRIXON
SRIXON
パチパチ
パチパチ

高見沢ひめね
優勝
オレもついにツアー優勝を遂げたか！
なぜか母ちゃんのバッグを担いでじゃなかったけど
るさいっ！
今日の一番の勝因は？
キャディさんに尽きます！
父以外の方には初めて担いでもらったのですが本当に心強かったです
……
お
ずっと2人でやってきたのに…夢にまで見たツアー優勝で力になってやれなかったなんて……

来週も
ツアー出場権が
ありますが
どなたにバッグを
担いでもらう
つもりですか？
ハイ
もちろん
──
母ちゃん悪いな
来週は母ちゃんの
バッグ担げな──
お父さんです
うおおお
私をここまで
してくれたのは
お父さんですから
ひめ〜
うぞ〜
あらあら
……

母ちゃん・すみれの 一言 いわせなさいよっ

この本を読んでくださったゴルファーの皆様、すみません……ゴルフをやらない高校生に、なぜ上から目線で語られなくちゃいかんのか、と思ってらっしゃることと思います。私自身そう思ってはいるんですが、息子がバッグをかつぐと成績が良くなっちゃうのが困りものなんですよ、ホントに、もう。

でも、正～直なことをいえば、一度コースの外から日曜のキャディ姿を見て、つくづく思っちゃったんですよね。「ああ、いいキャディだなぁ」って（CASE5参照）。

たとえば日曜は、ティグラウンドでバンカーまでの距離も教えないし、グリーン周りで歩測もしません。でも、コースのことはシロートなりにちゃーんと見てるんですよね。「右がOBだったら左に打てばいいじゃん？」「バンカーに入らない番手を持てば？」とか、そりゃそうだっつーのっていうアドバイスしかできないんですけど、それが妙にしっくりくるんです。

私自身は、プライベートなラウンドでは、もちろんレーザー距離計でハザードやピンまでの距離を計測して、その上で打ちます。でも、たまに思うんですよね。これって、本当にコースを見てるってことになるのかなって。

だって、私の若いころ、なかったもん、レーザーなんて。それでも、「ピンまで大体150だな」って感覚でわかったし、風を肌で感じて、ライを足の裏で感じて、それで距離を合わせることができていた。その頃のほうが、もっとラク～にゴルフできていたみたい。

それに、いくらレーザーやらGPSやらで距離を測ったって、ゴルフ場では風が吹く。ライが変わればインパクトでのロフトも変わる。計測値より、自分の感覚の方が大事かもって、最近思うんですよね。これって年のせいかしら（笑）。

日曜語録 6

調子に乗るな
って言葉は
調子に乗るほど
うまくいった
ことがない
ヤツが言うんだよ

CASE 6 「結果はコントロールできないよ。できることだけ全力で」の巻

ズコーン
最後も来た〜〜〜!! 天草すみれ なんと今日9つ目のバーディ!!
しかもノーボギーの63! 2位グループに6打差をつける独走で 明日の最終日を迎えます

ど どぼじちゃったんだろう わらひったら?
なじぇかピッタピタのスッコンスコンで……こんなビッグスコア!
ホント更年期の便通だな
なによそれ?
めったに出ない ほぼ出ない
まず出ない
やかましっ
あ 天草プロ アテスト終わりましたら インタビューお願いします
…… ……
はあ

TTK杯
レディー オープ
もう圧巻のゴルフでしたね明日勝てば8年ぶりのツアー優勝ですが
もうほとんど引き寄せてしまったんじゃないでしょうか？なんせ6打差のリードですからね
はあ そ そういうことは意識していません
プレッシャーをかけるような物言いしやがって……
6打差なんてあってないようなものだしつっても6打はさすがに有利かも♡あじゃなくて
6打をそんなふうに思うと硬くなるのでって6打もあればまあ大丈夫でしょうよいやいやなんて軽い気持ちもヤバいからアハアハハ
メチャクチャ意識してるじゃん……

TTK杯
しかも今大会は優勝賞金2000万円のビッグトーナメントです
………
べ別におおお金だけのためにプレーをしてるわけではありませんから!
では何のために?
え?
あ それは
銭のために?
あ じゃなかった
……
Mercedes
ちなみに優勝者への副賞はベンツですよ
あれはさすがに欲しいでしょう?

ベンツ？
そ そんなこと……
喉から めっちゃ手が 出てます けど――
大丈夫かね 2位グループが すごいことに なってん だけど……
RANK PLAYER TOTAL TODAY
1 天草すみれ −16 −9
2 成多美寿々 −10
2 富士田光里 −10 −3
2 恋妻琴乃 −10 −3
2 イ・ボム −10
2 松守彩夏 −10 −2
7 菊池絵里香 −7 −4
−7
カヒュッ
ビシィ

イケメン美寿々ちゃん♡
キュートな光里ちゃん♡
ツヨカワコッちゃん
やっぱりボムちゃん♡
モデルかよ彩夏ちゃん
ああ……ダメ！前後に若さムンムンリキんじゃう！

へぇ
嘆きながらも
いい球打つじゃん
今日は珍しく
キレキレだったんだし
いいイメージのまま
もう打ち込まなくても
いいんじゃん？
珍しく球も
揃ってるし
珍しく――
珍しく珍しくって
特別天然記念物
みたいに言うな！
ニホン
カワウソじゃ
あるまいし
ククク
おお 笑いも
冴えてる！
やっぱ絶好調だ
よし
次がまた
ナイスショットなら
練習を切り上げよう
なに言ってんのっ
もう一カゴ
持ってきて！
もう
いいって
ショットもパットも
仕上がってるじゃん

かのゲーリー・プレーヤーが言ってるわ 100球連続でナイスショットが打ててても101球めも打てる保証はない
プロたる者そういう姿勢で練習に取り組まないといけないって
そのとおりだ!
私ももっと完璧に仕上げないと……
スポーツの世界ってたくさん練習する人を
エライって思い過ぎなんじゃないかなあ
…… ……

サラリーマンだったら残業残業でなんとか仕事をこなす人と時間内でサクッと仕事をこなして定時に帰る人じゃ
どっちがデキる人って評価されるんだろ
プロゴルファーだって同じじゃんゴルフ場に長くいる人やたくさん球を打つ人がエライんじゃない
少ない時間で効率よく練習して結果を出せたらそれが一番すごい選手だよ
そう価値観を変えてみたら?
これが日曜思考か
なるほど一理ある!
ぐ〜
この中では母ちゃんだけ齢《とし》なんだし明日に疲れを残さないためにここまでにしようぜ
あ
腹減って早く引き上げたいだけだろ!
……

TTK杯
翌最終日　1番《スタート》ホール
PRGR
ごく
もともと
ボーイッシュな
美寿々ちゃん
だけど……
なんとも男勝りな
オーラが……
昨日までと
全然雰囲気が
違う……
知らないの？
美寿々ちゃんは
別名
「かわいこちゃんハンター」
って呼ばれてる
ぐらいなのよ
ハンター？

TTK杯
レディースオープン

かわいいコと
優勝争いをすると
必ず喰っちゃうという
若手屈指の
ファイターなの
……
ドクン
ドクン
ドクン
ガチンコ
勝負には
滅法強いわ
じゃあ
恐れること
ないじゃん
母ちゃん
「かわいこちゃん」
じゃねーし
うぎっ……
ドッ
ホントに
かわいこちゃんは
こっち♡

……ら？
光里たん……
獲物を狙ってる目ね……ラクじゃない1日になりそうだわ
お待たせしましたそれでは最終組のスタートです
TTK杯レディースオープン
続きましてツアー通算7勝シード最年長8年ぶりの優勝を目指します

パチパチパチ
トーナメントリーダー天草すみれ選手！
震えてるあれなら――
序盤に2つ3つかませばチャンスはある！

ガザッ
あらら……
最終日の戦いはバックナインへと入りましたが大波乱の様相を呈してまいりました
RANK PLAYER TOTAL TODAY HOLE
1 天草すみれ −13 +3 11
2 成多美寿々 −12 −2 11
2 富士田光里 −12 −2 11
2 イ・ボム −12 −2 12
5 恋妻琴乃 −11 −1 12
松守彩夏 −11 −1
池絵里香 −9
江玲菜 −7
サ・レー −6
二子女 −6
山志穂 −6
6打のリードを持ってスタートした天草すみれが朝イチOBのダブルボギー発進前半だけで3つスコアを落としたのに対し
2位グループの5人は全員がスコアを伸ばす展開!! 現在その差は1まで縮まってきました

No. 12
330Y
PAR 4
ゼェ
ハア
ハア
もう
ダメかも
……
昨日63を
出したのと
同じコースなのに
なあ
なによっ!
ゴルフってのは
そういうものなの!
同じコースを
回っていても
同じ状況の
ショットは2度と
ないっていうのが
―
それ
聞いたこと
ある
でも本当に
そうなのかな……
いや本当なんだ
ろうけど
初めてそれを
言った人って
もっと違う意味で
言ったんじゃないかな

違う意味?
ビシッ
ドッ
ああ この狭いホールを2人共よくあれだけ振り切って……
もしかしたら今日の母ちゃんは球が行っちゃいけないところばかりを意識してるんじゃない? 右のバンカーは避けたいとか グリーン左に外したらアウトだとか……
当たり前でしょ 一番危ないところを警戒するのをコースマネジメントって──

そーじゃなくて 球を行かせたい ところを 意識 すればいいじゃん
ハッ
このホールは確かに狭い 右もダメ左もダメ そう思ったら打ちようが ないよね でも真ん中には フェアウェイがあるじゃん！ フェアウェイ《あそこ》に打つぞ って思えばいいじゃん
……

実際にはゴルフって似たような状況のショットっていっぱいあるじゃん
昨日と違うコースにしているのは母ちゃんなんだよ
フェアウェイ《あそこ》に……！

おお 今日初めて 真っすぐ行った！ やればできるじゃん
だったら 最初から やれよ
うるさいっ
うん！ ここからは 球を行かせたい ところだけを意識して プレーしよう！
天草さんの 顔に覇気が 戻った
でも もう遅い

コトン
14番で
恋妻が
バーディ!!
松守も
入れたあ!
ワァァ
パチパチパチパチ
パチパチパチパチ
パチパチパチパチ
パチパチパチパチ
これで-12が5人!
若手がベテランを
容赦なく追い
立てます
なんなのよ〜〜〜
やめてよ〜〜〜もう!
まるで白馬に
群がるハイエナ
じゃない
ガルルルル
PRGR
RS
RANK
PLAYER
1 天草すみれ -13
2 恋妻琴乃 -12
2 松守彩夏 -12
2 成多美寿々 -12
2 富士田光里 -12
イ・ボム -12
菊池絵里香 -12

誰が白馬じゃぃ！どー考えても群がってるのは美しいチーターたちで喰われそうになっているのは
イボイノシシ
誰がイボイノシシじゃっ！
ポカッ
――ってぇ
でも今の若いコたちは技術もメンタルもしっかりしているこのままじゃ母ちゃん本当に喰われちゃうよ
ってかゴルファーってなんでそんなに相手のことを気にするかなぁ
ス　スコアを争ってるんだから相手は気になるでしょうが

それがわかんないんだよね バスケとかラグビーは 相手がボールを奪おうと してくるし 野球やテニスなら こっちに 打たせまいと して
ボールを曲げてきたり タイミングを ずらしたりしてくる でもゴルフは相手が 自分のボールに ちょっかいは出して こないじゃん
あ……
ちょっかいを 出してこないんだから 自分のタイミングで 自分の好きなように 打てる だったら 自分のプレーだけ 気にしていれば いいんじゃないかなあ
逆に言えば 相手にも ちょっかいは 出せないんだから 相手がどんな プレーをするかは こっちには コントロールできない
コットーン

パチパチ
パチパチ
パチパチ
パチパチ
パチパチ
なんと14番はボムもバーディ！ついにトップに並んだ！天草すみれを捕らえましたぁあっ!!
コントロールできないことに気を揉むのはバカらしいよね
TTK杯 レディースオープン
PRGR
そうか ゴルフってそういうゲームなんだよなストンと納得できたすごく気がラクになった……
PRGR
Callaway
一番怖いボムが来た！
ボムに先を越された！ボムならこのまま走るかも！そうさせちゃマズイ！

誰も恐れることはない 自分のタイミングで打てばいい
さあ目の前で前の組3人のバーディを見せつけられた天草すみれ 心中穏やかじゃないでしょうねぇ
好きなように打てばいい
ええ これは相当なプレッシャーがかかっているはずです
球を行かせたいところだけを見る！

PRGR
PRGR

ズドッ
ズボッ

ベ…ベタピン！なんと天草すみれ ここで殴り返してきたァ!!
これで バーディ確実！
パチパチ
なっ!?
死んだと思ってたのに……
……
……
見なよ 実は相手も 母ちゃんを 怖がってるんだよ
え？
若い選手からすれば 母ちゃんはシードを 20年近くも守り 続けてる猛者中の猛者 包丁を研いで若い娘を 喰おうとしてる 山姥《やまんば》みたいに 映ってるんだよ
キャーッ
キャーーッ

ーってぇ
だから例えに気を付けろって言ってんでしょ
もーグーはやめてよ
TTK杯 レディースオープン
PRGR
……
そうよね ビビってるのはこっちだけじゃない 互いにビビリながら 心を殴り合うのがゴルフだもん
女子プロゴルフ史上こんな試合があったでしょうか!? そして女子プロゴルフ史上こんなパットが残ったことがあるでしょうか!?
RANK PLAYER TOTAL TODAY HOLE
1 天草すみれ −14 +2 17
2 イ・ボム −14 −4 F
2 恋妻琴乃 −14 −4
2 松守彩夏 −14 −4
2 成多美寿々 −14 −4
2 富士田光里 −14 −4
7 菊池絵里香 −10 −3 F
8 原江玲菜 −7 −2 F
9 テルサ・レー −6 +1 F
9 有働二子女 −6 −2 F
9 大山志穂 −6 −1 F
10 植田桃子 −5 −1 F
現在6人が-14でトップに並んでいます! コース内でプレーを残しているのは天草すみれのみ 残ってる距離はおよそ2ヤード

入れればバーディ！すなわち入れれば優勝外せば6人によるプレーオフというパットです!!
フフ最初から最後まで震えっぱなし……
すごいよその手でここまでトップを明け渡さずにきたんだから母ちゃんはやっぱり強い
入れたいなこれを入れたら――
PRGR
PRGR

うん
これを入れたら
2000万円が手に入る
ベンツも貰える
家族が喜んでくれる
仲間やスタッフも
喜んでくれる
泣いてくれる人も
いるかもしれない
そんな人たちに
あれもしてあげたい
これもしてあげたい
優勝インタビュー
ではなんて言おう
取材も増える
だろうな
40過ぎての
優勝だもん
きっと話題に
なる——
でももし外したら
そして負けたら
そのすべてがパーになる
6打ものリードが
あったのに惨めすぎる
天草すみれは
チキンだって言われる
もう一生勝てないかも
しれない——
そんな考えがグルグル
駆け巡るよね
だけど母ちゃん
それは打ってみないと
わからないこと

わからない未来を
あれこれ妄想しても
今がおろそかになる
だけだよ
未来はコントロール
できないからね
TTK杯
レディースオープン
このパットが
入るか入らないかは
母ちゃんには
コントロールできないんだ
だから今
自分ができること
コントロール
できること
今自分ができる
ことだけに思いを
留めようよ
今母ちゃんに
できることは しっかり
グリーンを読んで
きっと入るっていうラインを
見つけて そのラインを
通すには このくらいの
タッチだって素振りで
確認して
それを再現する
ように全身全霊
で打つ――
それしかないんだよ
それ以外は
できないんだよ

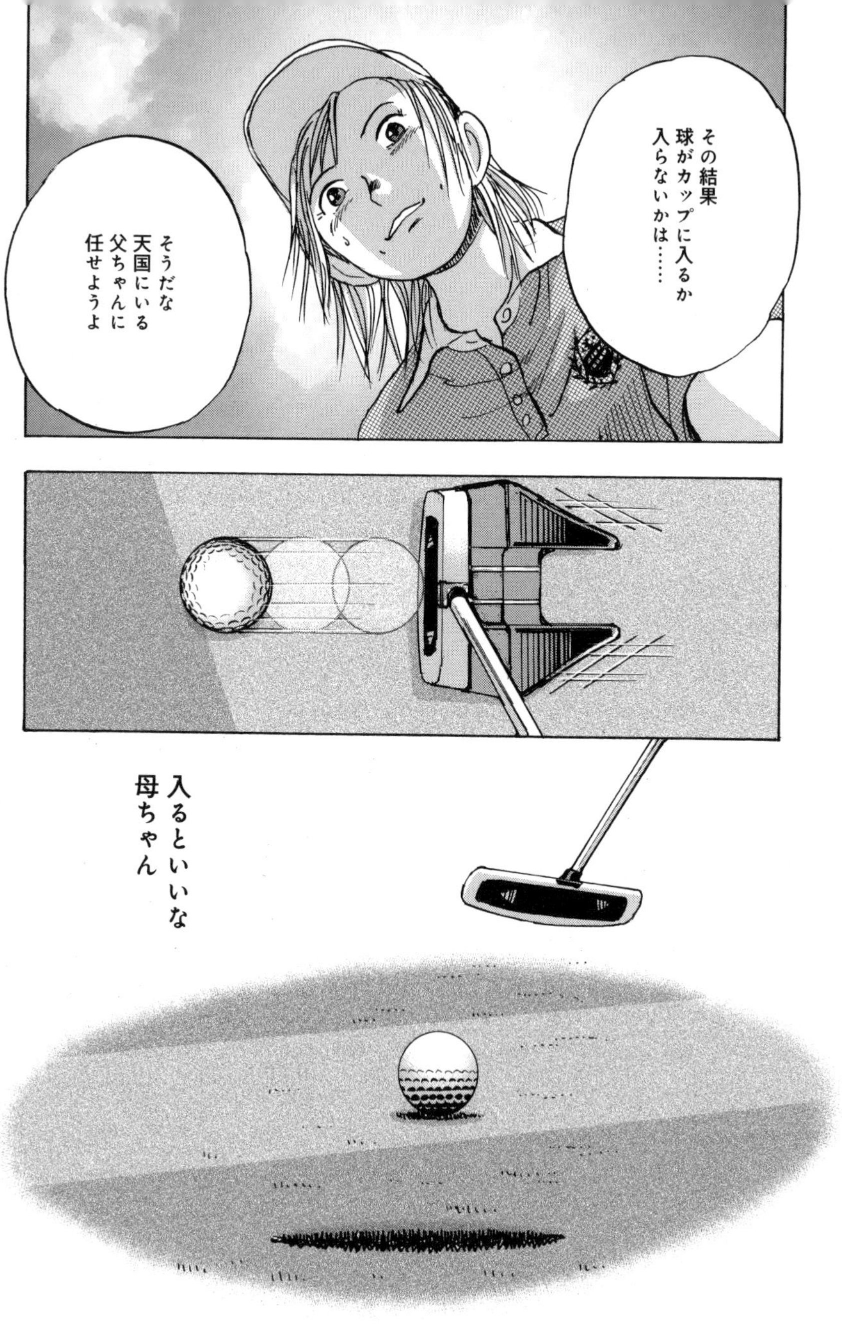
その結果
球がカップに入るか
入らないかは……
そうだな
天国にいる
父ちゃんに
任せようよ
入るといいな
母ちゃん

日曜語録 7

コントロールできないことに気を揉むのはバカらしいよね

「ゴルフはメンタル!」それ、本当?

カラッと日曜 2

かわさき健(作)
古沢 優(画)

2018年5月28日　初版発行

発行者　木村玄一
発行所　ゴルフダイジェスト社
〒105-8670 東京都港区新橋6-18-5
☎03-3432-4411(代表)
☎03-3431-3060(販売部)
gbook@golf-digest.co.jp
www.golfdigest.co.jp/digest

デザイン　シトラス・インク
印刷・製本　共同印刷株式会社

※本書は、ボギー2015年2月号～2016年5月号掲載の漫画
『カラッと日曜』7～12話を中心に、書き下ろしコラムを加えて構成したものです。

ISBN 978-4-7728-4178-8　C2075
Printed in Japan